梵網經菩薩道

靈源老和尚 著

〔導言〕漢傳佛教菩薩道的修行次第

在漢傳佛教中的學佛人，不管新學或老參都會問：修行菩薩道有沒有次第？如果有，要看哪一部經論？或學習哪一個宗派的道次第？其實大經大論很多，在漢傳佛教諸宗派中，也都有提出修行的道次第，只是初學佛者不易貫通博大精深的義理。而備受諸宗共同推崇重視，且提出菩薩戒與菩薩道之修學次第的經典，則是《梵網經．菩薩心地品》。關於此經，諸宗也有很多註疏。

禪宗虛雲老和尚的傳人，靈源長老（一九〇二—一九八八）教觀並重，年輕時參學於華嚴座主應慈法師門下，後於十方大覺禪寺傳戒時，集諸家《梵網經》之註疏，包含：律宗寂光大師之《梵網經直解》、淨土宗蕅益大師之《梵網經合註》、天台宗智者大師之《菩薩戒義疏》等等之所長，形成白話文的《佛說梵網經集義句解》。誠如靈源長老所言：「此《梵網經》上卷〈心地道〉，下卷〈心地戒〉，乘、戒俱急，乃頓超直入的大菩薩境界。」由此可知，《梵網經．菩薩心地品》所闡述的內容，主要在於「心地道」、「心地戒」。

雖然《梵網經》只有一品流傳於中國，但此一品實乃統貫全經，彌足珍貴，如蕅益大師（一五九九—一六五五）於《梵網經合註》〈緣起〉所說：「大哉！《梵網經．心地品》之為教也，指點真性淵源，確示妙修終始。……文雖僅傳一品，義實統貫全經。」由蕅益大師的這段序言，可得知《梵網經．菩薩心地品》的特色，在於指點眾生的佛性，且明確地指示吾人如何由始至終的修行妙道，而此修行之道，即是心地道、心地戒。

因此，可知「心地」兩字，實乃貫穿《梵網經》之全部經文，是整部《梵網經》的宗旨所在，亦是具足解、行的妙典，無怪乎蕅益大師如此讚歎此妙典，如其所言：「大哉！《梵網經．心地品》之為教也，……戒與乘而並急，頓與漸而同收。約本迹，則橫豎俱開，兼華嚴法華之奧旨。約觀行，則事理俱備，攬五時八教之大綱。」此段「戒與乘而並急」，其意是指《梵網經》行（戒）、解（乘）並重。不僅如此，且《梵網經》

包含了頓漸法門，兼具《華嚴經》、《法華經》之奧旨，在觀行上則事理俱備。因此，佛陀一代時教，無不濃縮於此妙典中。

由於《梵網經》上卷所述「心地道」，經文涵義甚深，文約義廣，實不易理解，雖有寂光大師《梵網經直解》及蕅益大師《梵網經合註》做了較詳細之疏解，但對一般大眾而言，恐仍不容易了解。因此，靈源長老發大願以白話解說，此從原書名《佛說梵網經集義句解》之「句解」兩字，可得知此書的特色，是採直接於《梵網經》的經文每字每句之下，直接標示其意思或加以解釋之，以便讀者對於經文的了解，列舉如下：（粗黑字體為經文，其餘為靈源長老之解釋）

爾時，時成就。

釋迦牟尼佛，主成就。

在第四禪地中捨念清淨地，**摩醯首羅**大自在**天王宮**，處成就。

從上述這段文字，可看出靈源長老於《句解》中，直接於經文之下，標示經文每字每句之意思，如：於經文「**爾時**」之下，標示「時成就」。又如「**釋迦牟尼佛**」之下，標示「主成就」。「**在第四禪地中**」之下，標示「捨念清淨地」，此說明第四禪之意思，是指捨念清淨地，又於「**摩醯首羅**」之下，標示「大自在」，即是以大自在說明「摩醯首羅」之意思，且於「**天王宮**」之後，標示「處成就」。因此，對於「處成就」這段經文，是先採分開來個別解釋，但最後需整句連起來理解，如「**在第四禪地中**捨念清淨地**摩醯首羅**大自在**天王宮**，處成就」，其意是指「**在第四禪地中摩醯首羅天王宮**」為「處成就」。

《梵網經菩薩道》一書，原書名《梵網經集義句解》，乃靈源長老有感於《梵網經》上卷〈心地道〉，文略義深，不易理解，因而於傳戒之後，撰寫而成。法鼓文化將此書重新排版，名為《梵網經菩薩道》，以彰顯菩薩〈心地道〉之特色。本書編排之特色，以菩薩心地、「心」修三賢、「地」行十聖，這三部分來貫串全經文，皆扣緊著「心地」兩字來做章節標題。另外，編輯小組進行了三項改善：（一）將複雜的傳統科判，簡化為大綱，並轉成目錄。（二）在內文原義下，加強段落之分明，及標逗斷句。（三）附錄中，前三個附表為編輯小組所增添，最後亦附上《梵網經・菩薩心地品》上卷的新標逗本，提供讀者參照。

此書問世之緣起，原是果興法師發願整理靈源老和尚舊著時，發現到一本很難讀懂的好書，除了可考驗老學佛人的學養深度之外，法師在編輯期間對菩薩道的修行亦有所感，故特別強調：因為菩薩從初發心起，便發起成佛的信願，所以對每一賢聖階位的內容，都要視為指導心地修行的起因，而不是代表菩薩證得的結果。最後，在編輯群們努力下，前後投入兩年的心血編輯，期間亦得到致力於天台教學的大常法師之指點，我個人則是在教授華嚴學菩薩道之餘，略盡綿薄之力。

陳英善

春時於法鼓文理學院

二〇一六年三月二十九日

緣起序

文字是代表語言的，語言的筆記，即是文字。用文字記載聖賢名人的言行，留傳於後世，名曰經典。在當時本來是直說直記，沒有一些彎曲，毫無難解之處，人人可以看得懂聽得懂的。但我國有數千年的歷史，在時代上從古至今的變遷，環境上東西南北的不同，各地方言有所別異。文字組織簡略，語言用意的複雜，古人的文字學說，在今人讀之，有許多費解。讀的人若無高深的學問，自不能解，而聞者更不明了。因此對於古人的書籍，各種經典，非再加註解不可。於是有註疏，釋文解義等書出焉。用淺近的文法，詳明古人的用意，使讀者了解文義。

佛經寓意最深，有許多不可思議的境界。佛說般若法門，非大智慧人不能明了。況《華嚴》、《梵網》圓頓法門，更超過於般若之上，所謂「佛法無人說，雖慧莫能了，譬如暗中寶，無燈不可見」。此《梵網經》上卷〈心地道〉，下卷〈心地戒〉，乘、戒俱急，乃頓超直入的大菩薩境界，非一般人所能行得。若下卷對人間之機，說心地戒法，註疏尚多，可以了解。而上卷佛在色究竟天，對天人所說的心地道，含意甚深，文字尤略，雖有《梵網經直解》、《梵網經合註》的解釋，因羅什法師的原譯，沒有固定的標點，以致上、下句的圈點，各有不同，不能斷定誰是誰非，讀法亦當然各異了。今但求義理契合，取其長處而釋之，將直解改作句解。

靈源在民國二十三年具戒後，即隨上應下慈老法師學《梵網經》，依《直解》為本，聞而錄其大概，於今三十年矣，常以此經為根本修學，隨身不離。民國二十八年朝五台回滬三月安居期中，在慈修禪院與四眾等，講完上、下卷。前年在本寺安居時又與諸新學講解一遍。以《梵網》上卷，文略義深，聽者過耳即忘，成績極少。今春傳戒之後，又欲開講此經，以初學者多，對上卷〈心地道〉，多不相應，於是採《直解》、《合註》之所長，加三十年前，隨應慈老法師所聞的筆記，以《直解》之分科為準，集成《梵網經句解》講義，勉學者同心研究，既無註解正文對照的麻煩，又無名相難懂的費神。今則每字每句，分釋而後合釋，一目了然，不須法師講解，亦可明白。

由是舍那心地法門，不傳之心印，一旦了了於指掌，人人可以發心用功修學，因心地戒而入心地道，人人有分。則吾人雖在五濁惡世，亦同四禪天清淨境界，親聞佛說無異。發菩提心，得佛大戒者，應當從戒生定，法門普及，宜人人手各一本，加以研究讀誦受持，則佛日初照高山，圓頓法門，了了於各人心目之間，從因至果究竟菩提的大道路，其中經過的境界，所修所學，雖未到達，已宛然無疑。是即靈源的本願，作此句解的緣起，是為序。

（靈源老和尚序，原收錄於《佛說梵網經集義句解》）

目錄

第二篇——心修三賢

第三篇　地行十聖

附錄

第一篇

菩薩心地

梵網經五重玄義

大覺寺僧靈源集

《梵網經》大部有一百十二卷六十一品，全文未至此方，茲本乃六十一品中〈菩薩心地品〉第十，專明菩薩行地。

此一品之文，分為二卷，上卷曰〈菩薩心地品〉之上，下卷曰〈菩薩心地品〉之下。上卷明菩薩理智觀行修證階級，開為十發趣、十長養、十金剛、十地，四十心之次第。下卷明菩薩心地戒法，行相開遮，止作持犯，即心地戒之體，心地戒之相。

天上說道，人間說戒，為對眾生之機故。

四十心者，眾生受佛戒，即入諸佛位；信悟之後，則安住是中，發起趣往。以趣往之心，長養成熟，行熟堅固，猶如金剛；金剛堅成，不動如地。若約因該果海，果徹因源，則三賢十聖總以不動智為體。初發心便成正覺，四十位總名為心地，未始不相通也。正如梵天赤珠，雖珠珠不同，孔孔各異，而光光未嘗不相入也。

此《梵網經》上卷明三十心十地，為入佛果之根源。下卷明十重四十八輕，為行菩薩道之根本。性修因果，義理齊周。

此經與《華嚴》同時，同為圓頓一乘法門，三世諸佛皆如是說，三世菩薩同如是修，同如是學。

經文雖僅一品，讀一品而知一部之指歸，即一部而通一代時教之儀法，觀一佛而遍知十方三世一切諸佛之楷模。紹先哲之芳規，補前賢之未備。將釋此經，先陳五重玄義。（以下依《梵網經玄義》簡述釋名、顯體、明宗、辨用、教相）

一、釋名

（一）先釋經題　佛說梵網經

佛即娑婆說法之教主。說者，悅也，四辯應機，暢所說懷，謂之自悅。聞者頓明佛性，得受佛戒，即入佛位，心悅所聞，謂之他悅。佛說者，以心地戒法，佛口親宣，非菩薩聲聞天仙化人所說故。又佛有法報化三身，此經屬何佛所說耶？乃依佛根本智，起後得智，現報身為說法主，化千釋迦、千百億釋迦為聽眾，舍那復敕千釋迦、千百億釋迦，於諸世界為說法主，人天凡夫等為聽眾。其本佛、跡佛，隨時、隨地、隨機所說，傳無異詞。是知三身應機有異，其體本同，此經乃三身佛同說也。

約喻說，梵網者，言大梵天王宮中之網羅幢，名「因陀羅網」，唐言「天赤珠」。此網有千重，而有千光，其光各各相攝，不相妨礙。由此天王因中修梵行，果感梵天寄位，因中修眾德，果感梵網莊嚴。時佛於彼天說法，欲標題流布，一觀此網光色重重，有似法門理事互攝之象，故以無量網孔，喻無量世界、喻無量眾生心、喻無量佛教門、喻無量菩薩差別階級、喻無量諸佛受用境界。以此一喻而攝多義，故從喻立題。經云：「時佛觀諸大梵天王網羅幢因，為說無量世界猶如網孔，一一世界各各不同，別異無量，佛教門亦復如是。」言世界法門，正攝眾生心，若無一切心，何用一切法。故無量世界，由眾生無量心行所成。佛說無量教門，無量賢聖階級，皆隨眾生心垢輕重方便施設。如是則四聖六凡，皆因緣所生之法，無有實體。由眾生不了自性故，勞舍那千釋迦千百億釋迦，出廣長舌相，橫說豎說，塵說剎說，熾然說；謂之心藏、地藏、戒藏、無量行願藏，因果佛性常住藏。與奪橫施，皆本眾生心，不出一梵網喻也。

約法說，梵網二字，即吾心性，乃諸佛之本源，行菩薩道之根本，是大乘諸佛子之根本也。自性本淨名「梵」，塵介含攝名「網」。由此心性，建立無量世界眾生之法，及設無量教門諸佛之法，故曰「心佛及眾生，是三無差別」。而此心性，體絕染淨，遍能出生染淨諸法。正染淨時，仍非染淨，染亦法界，淨亦法界，染淨俱不思議，乃名為「梵」。所謂佛界清淨，乃至地獄界清淨，即此心性，體非同異，遍能出現同異諸相。正同異時，仍非同異，異亦法界，同亦法界，同異俱不思議，乃名為「網」。略而言之，夫此心性，不起則已，介爾有心，三千具足。謂一念心中，必具十界，於一一界，必各互含，便成百界。各具性相，乃至本末究竟等，十如共有千如。實法一千，假名一千，國土一千，則成三千。實法者，地獄五陰，乃至佛界五陰。假名者，地獄假名乃至佛界假名。國土者，地獄依報，乃至佛界依報。隨指一法，隨舉一名，隨拈一塵，無非法界。理事頓足，無欠無餘。

介爾有心，三千具足者，以眾生太廣，佛法太高，且令觀心，庶易悟入。只此介爾極微劣心，三千性相，炳然頓具，非前非後，不減不增。何以故？一念體圓，名為理具，隨起念時，即名事造。良由介爾，所起之心，於十界中，必落一界，一界既現，九界同彰，必攬全法界以為其體。此介爾之心，既全具法界之理，必全具法界之事，攝一切法，罄無不盡，並無一事，如微塵許能出法界外者。故此事理兩重三千，皆即一念心中圓具；如帝網珠，光光融攝，重重無盡，難思難議。昏迷倒惑，此理常如梵網，迷此理心，妄受生死，而成世界種種差別。諸佛愍之，隨機設教，廣化眾生，令歸本際。梵網教也，從無量門，通一實境。梵網行也，由理起教，因教發行，藉行契理。理非心外，教行亦然，理即法身，教即般若，行即解脫。迷成三障，悟顯三身，自悟名佛，悟他名說，自他不二，名為梵網。

又佛說二字，乃果人所具之才辯。梵網二字，乃因人所具之莊嚴。若能回真向俗，始知佛佛說梵網以度人。若能回因向果，始知人人持梵網以成佛。所謂因該果海，果徹因源；如是即以海墨書文，不盡題意。但撮其要，只欲吾人，初從凡夫持心地戒中，而寄位梵天。此天上鄰四空，下接六凡，菩薩居此天中，上弘下化，萬劫修因，後成佛果。三身圓現，寄位此天，說《梵網經》也。

經，即契經，上契佛理，下契群機，故名為契。為法為則，今古常然，故名為經。法者軌持義，軌生物解，任持自性。常者不壞義。軌持即契機，常即契理。具有教、行、理三：法界同遵，故名為經，「教也」；一行、五行、萬行、微塵數行，三乘聖眾之所共由，決無異趣，故名為經，「行也」；有佛無佛，性相常住，魔外不能壞，大聖不能有所作，豎窮橫遍，體極真如，故名為經，「理也」。

又文字即教，契機即行，契理即理經也。又此方以文字為教體，故指卷帙為經。於卷帙中，能令眾生解其所詮即教、依此生善滅惡即行、依此證入法性即理。當知卷帙只是色法，於色塵中既具三經，餘塵亦爾。如佛在世時，以音聲為教體，隨聞生善滅惡，隨聞證入，於一音中，三經圓具。或從善知識及說法人邊聞言得益，亦復如是。香積佛國以香飯為佛事，是味塵為教體。或有佛國以天衣作佛事，是觸塵為教體。以要言之，六塵體是法界，故一一無非教經、行經、理經。但隨根有利鈍，故使迷悟不同耳。

（二）次釋品題　菩薩心地品

菩薩乃上弘下化之人，具云「摩訶菩提薩埵」，此云大道心成就眾生。或翻「覺有情」，或云「大士」，或云「開士」，以其依四諦境，發四弘誓願，擐大甲冑，能為難事，上弘佛法，下化眾生，悲智雙運，故獲此名。

心地二字有二義，一當本經而言，即三十心十地。二指法而言，即眾生本源心地。謂此心為萬法之源，能生勝果，喻如地為萬物之源，能生萬物，故此心地，總攝世出世間法，如是四聖六凡皆本心地迷悟差別。若依此心地，稟受光明金剛寶戒，為本修因，即合佛本源佛性種子，所以眾生受佛戒，即入諸佛位。佛戒者，即眾生心地光明金剛寶戒，名曰心地法門；故題曰「心地品」。

品者類也。義類相從，故名為品。此經有一百十二卷六十一品，今惟第十菩薩心地品上、下兩卷，什師誦出。然上卷明三十心十地為入佛果之根源，下卷明十重四十八輕戒，又為行菩薩道之根本。性修因果，義理皆周，飲一滴而知大海，燒一丸而具眾香，惟貴精修，不俟多也。

二、顯體

（一）體是主體，乃名下之所詮，尋名得體，如因筌得魚，因指得月。若逐名迷解，如捉蛇尾，反遭其螫，佛所以常為比丘說筏喻也。如此經從梵網題名，心地品名，乃至上、下二卷全文，一一無非能詮之名，就茲名下，一一皆顯所詮之體，得此體已，方能全性起修，以修合性。盧舍那佛將說此經，先現虛空光體性，本源成佛常住法身三昧，示諸大眾，後開心地法品。將演大法，先顯法體，意在於斯。

（二）正出體者，此經以諸佛本源心地為體。言心地，則當體即是，更無他求。言本源，則法爾性德，非關修證。言諸佛，則出障圓明，非同在纏。以舍那及一切諸佛，所證最極清淨常住法身，全是眾生心性之理，更無少許別法可得；此理即名為體。

（三）會異。此經與《華嚴》同一部味，當以法界為體。法界為諸佛本源心地，同體異名，更無別體。又諸大乘經，皆以實相印為體，實相亦即諸佛本源心地，以其離一切相，即一切法，超諸戲論，不可破壞，故名實相。以其萬法之所從出，萬法之所歸趣，故名法界。以其在凡不減，在聖不增，迷悟宛然，體性常住，故名諸佛本源心地。乃至或名一切種智、或名一實境界、或名中道第一義諦，總無別體也。

若但就下卷十重四十八輕戒相言，名無作戒體。自性清淨，無犯無持，亦無得失，能如實修，自能合性。此無作戒體，乃是無漏色法，受之則得，不受則無，持之則堅，毀之則失，故屬事不屬理，屬修不屬性，然事理非二，性修交成。《起信論》云：「以知法性無染，離五欲過故，隨順修行尸波羅蜜。」此經云：「光非青黃赤白黑，非色非心，非有非無，非因果法，是故戒光從口出。」又云：「計我著相者，不能生是法。滅壽取證者，亦非下種處。」是則無作戒體，全依理體而發，而本淨理體，全賴戒法而顯。

是經上、下二卷並重，互相成就也。若不解上卷，不能知三十心十地是何法義，徒受菩薩戒之虛名，何關修證？無作自歸於宗，心地乃成正體。

三、明宗

「體」顯於性，「宗」顯於修。全性起修故，不二而二。全修在性故，二而不二，故顯體之後，須明宗也，此經以佛性因果為宗，佛性非因非果，遍能出生一切因果。經云：「一切眾生皆有佛性。」此佛性者，即是諸佛本源心地。以此不生不滅為本修因，然後圓成果地修證，則因亦佛性，果亦佛性。

今經有三重因果：

（一）三十心十地為因，成等正覺為果。

（二）初發心常所誦戒為因，分滿法身為果。

（三）諦信成佛為因，波羅提木叉為果。

又三十心十地亦得重重論於因果。本源自性清淨為因因，常住法身為果果，如此重重因果，會入非因非果，是此經宗致。文云：「應當靜觀察，諸法真實相，不生亦不滅，不常復不斷，不一亦不異，不來亦不去，如是一心中，方便勤莊嚴。」夫不生不滅等，即真常佛性；非因果法，亦名諸法實相，亦名一心，正顯經「體」。而方便莊嚴，即是稱性圓修，成妙因果，明此經「宗」也。

方便莊嚴有二義：一者智慧莊嚴，上卷三十心十地，深明觀慧，屬於慧行；二者功德莊嚴，下卷十重四十八輕，備顯止行二善，屬於行行。若備論者，心地法門，具勝功德，無作妙戒，全由慧明，故曰由慧淨故戒淨，由戒淨故慧淨，如兩手互洗，不容先後。以宗契體，體非宗外，悟體成宗，宗原屬體，而此無作妙戒，及十發趣、十長養、十金剛、十地，同以本源清淨佛性，為所依體也。

四、辨用

用是力用，亦名功德，此經以捨凡入聖為用。經云：「我已百阿僧祇劫，修行心地以之為因。初捨凡夫，成等正覺。」下卷云：「若人受佛戒，即入諸佛位。」又：「但解法師語，盡得受戒，皆名第一清淨者。」捨凡須盡，入聖須極。凡無可捨，聖無可入。無捨無入，而論捨入，是名無作大功德力也。

五、教相

此《梵網》於五時中是第一時日照高山，於五味中即是乳味，於化儀中即屬頓教，於化法中即是別圓。然與《華嚴》同而不同，略有三義。

（一）《華嚴》遮那即是釋迦，遍坐塵剎。此經舍那自坐華臺，釋迦自據千葉。

（二）《華嚴》諸會說法不動而周，此經復從座起乃至餘處。

（三）《華嚴》十住多明圓義，而兼於別。十地多明別義，而兼於圓。此經三十心多明別義，亦復兼圓，十地多明圓義，亦復兼別。

粗定其相，則《華嚴》圓兼別，此《梵網》別兼圓。又釋迦但云千百億者，周帀千華，乃就二地菩薩所見，戒波羅蜜增上故也。只此二地所見法門，亦復全具一切事理因果。無量中一，一中無量，題稱梵網，良有以也。又周帀千華，表一念千法，既念念具足千法，亦法法互具無盡，聊示千百億界，以表心地法門耳。

梵網經盧舍那佛說菩薩心地戒品第十卷上

後秦龜茲國三藏鳩摩羅什譯

爾時釋迦牟尼佛，在第四禪地中，摩醯首羅天王宮，與無量大梵天王、不可說不可說菩薩眾，

壹、放光發起

一、化佛說法

初、時處主伴。

諸經通序，皆具六種成就，此是一品別行，略無信、聞，以信聞二義，文在品初，理貫全經也。

爾時，時成就。**釋迦牟尼佛**，主成就。**在第四禪地中**捨念清淨地，**摩醯首羅**大自在**天王宮**，處成就。**與無量大梵天王**、**不可說不可說菩薩眾**，伴成就。既主、伴同時同處，必聞妙法，既聞妙法，必如理信解。文雖標四，義乃具六。

釋迦牟尼，此翻能仁、寂默。能仁故不住涅槃，寂默故不住生死。悲智雙運，乃稱大覺。在第四禪地者，法身無在無不在，為眾生故，示現住處。

說蓮華臺藏世界，

佛有四住：五戒十善，名為天住（應欲界機）；四禪八定、慈悲喜捨，名為梵住（應上二界機）；戒定慧解脫，名為聖住（應三乘機）；百千三昧、十力、無畏、不共等法，名為佛住（應一乘機）。

行住坐臥四威儀中，恆不離此一切法門。四法為能住，天王宮為所住。以此四法攝眾生故，示有住處。

觀心釋者，介爾有心，名爾時。此心與一切眾生同體，名釋迦。此心本性空寂，名牟尼。此心本自靈覺，名佛。此心本自平等清淨，名四禪地。此心本來自在無所係屬，名摩醯首羅宮。此心具一切清淨差別功德，名無量大梵天王。此心具一切無差別智慧不可窮盡，名不可說不可說菩薩眾。

後、所說法門。

說蓮華臺藏世界，盧舍那佛所說〈心地法門品〉。是舍那盧舍那佛所說心地法門品。

所證法故。海眾集雲，欲聞大法，意在歸源。如此心地法門，乃淨滿本尊，居蓮華臺藏世界所說，擎接禮覲，以復本源心地。

觀心釋者，此心體無染汙具妙因果，名為蓮華。此心堅實高顯一切法之中道，名臺。此心廣含諸法，名藏。此心豎窮，名世。此心橫遍，名界。此心離過絕非，名淨。此心具足塵沙功德，名滿。此一心遍喻諸心，名說。此心眾法之所集起，名心。此心眾法之所依持，名地。此心堪作軌持，名法。此心遍通諸法，名門。

是時釋迦身放慧光，所照從此天王宮，乃至蓮華臺藏世界。

二、放光現瑞

是時釋迦身放慧光，正顯化佛之光，即報佛之光，即果明因，從用示體。**所照從此天王宮**釋迦本地，**乃至蓮華臺藏世界**舍那本地。色心不二故，身光即是慧光。本跡不二故，能照窮法界海。

其中一切世界一切眾生，各各相視歡喜快樂。而未能知此光，光何因何緣皆生疑念，無量天人亦生疑念。

三、覩光生疑

其中一切世界，不起本處，一佛該無量佛，一世界該無量世界，**一切眾生**九法界，**各各**覩光**相視歡喜快樂**。以生佛體同故，不覺受熏之易。**而未能知此光，光何因**未知本源心地之因，**何緣**開本顯跡之緣，**皆生疑念，無量天人亦生疑念**。咸皆推之，得未曾有。

生疑念者，眾生久在迷淪，天人但秉權跡。以不知此光是眾生共有，開悟為難，故生疑念。所謂終日圓覺，而未嘗圓覺者，凡夫也。若能會得此光非從外來者，即獲自己無明窟中戒定慧光，與三世諸佛等無差別矣。

爾時眾中，玄通華光主菩薩，

從大莊嚴華光明三

四、玄主集問

初、起定放光。

爾時眾中，**玄**玄微，**通**通徹，**華**行華該因，**光**智光徹果，**主菩薩**。

眾有四：（一）發起眾，知時知機，發起玄化。（二）當機眾，緣合時熟，聞即得道。（三）彰響眾，帶果行因，影響輔化。（四）結緣眾，根淺不解，結緣成種。眾既生疑，理須發悟。此菩薩是華藏海會，不可說不可說四眾之當機首領，大菩薩眾也。玄微通徹，即該因徹果之稱。華表行，光表智，此行此智為成佛之本源故名為「主」。佛放慧光，甚深微妙，難解難知，非具大智慧之菩薩，不能曉了。惟此菩薩具大行華，智慧明妙，通達此光的道理，能為眾中作倡導之主，以德彰名，故云玄通華光主菩薩。

從大莊嚴華光明三昧起，此明因依果起義。**以佛神力**，菩薩

昧起，以佛神力，
放金剛白雲色光，

見斯光明，從大（即體大）莊嚴（即相大）華光明（即用大），乃法報化三身之圓果也。

又大莊嚴表果，華光明表因，謂因果齊彰主伴重重之義，乃稱性所起故。莊嚴法身果海有三：（一）六度萬行。（二）一切智慧。（三）第一義諦。其中行華即福德莊嚴，光明即智慧莊嚴，三昧乃正受正定即第一義莊嚴，此三克備故名大莊嚴。又大莊嚴三昧，即大定之別名，如來妙定，有百千萬億恆河沙等三昧。總之無量三昧，皆從此一三昧流出。而一切法身大士，咸住此三昧法性土中，應緣即現，故云大莊嚴華光明三昧起也。此菩薩本住三昧，觸佛光而起定，隨承佛力而放光召眾，體相用三大都在三昧中。起者，一起一切起。

放金剛白雲色光，正顯心地光明、金剛（究竟堅固能破性障）光明，寶戒照用之義。戒體堅固如金剛，心地光明如白雲。金光照一切世界。

是中一切菩薩皆來集會，與共同心異口問此光，光為何等相？

剛不壞心地，三無漏學皆究竟故。

三無漏學：（一）戒，金剛白雲色光。（二）定，大莊嚴華光明三昧。（三）慧，釋迦身放慧光。皆從體起用，因此戒光，能破性障，故曰金剛。淨智如幻，故曰白雲色。

為廣度眾生故，**光照一切世界**。顯此光照處，周遍圓融，而無障礙。又顯聖凡一體，總是一光所攝。蓋如來身放慧光，是舉果以明因；今華光主全身所放金剛白雲色光，即舉因以該果。此菩薩為令諸眾生知因識果，冀明果以修因，故光照一切世界，有世界，即有眾生故。

後、眾集發問。

菩薩為眾生中領導者，問果明因義，**是中一切菩薩皆來集會，與共同心異口問此光，光為何等相**？即問釋迦如來全身所放慧光之相，此光即果中境界。前眾生未發菩提心，祇疑因緣，故曰：「何因何緣？」此菩薩是因中人，只問果中之事，故曰：「光為何等相？」上疑何因何緣，即下釋迦請問舍那云，一切眾生為何因緣，得成菩薩十地道等文之案。此問光為何等相，即下請問當成佛果，為何等相之案。

此心地不落空不落有，心空一切法空，心有一切法有，心包萬象，量周沙界。一部《梵網經》，分有意識說、無意識說，有意識的是假，無意識的是真。眾生所以不知此光何因何緣、為何等相者，皆因有眼耳鼻舌身意，倘無根塵識肉體上之障礙，即知此光因緣相狀。眾生但知三細六麤，無明煩惱為因，境界為緣，豈知梵網光明為因，三身如來為緣。

玄通華光主菩薩，非因人，非果人，是帶果行因的大菩薩。法界主人翁是盧舍那，宣傳主人翁是釋迦佛，領導大隊長為華光主菩薩。全體主伴出動，都為救拔吾人之愚迷故。吾人聞此經若不發大心修行，辜負佛菩薩之深恩矣。

是時釋迦，即擎接此世界大眾，還至蓮華臺藏世界，百萬億紫金剛光明宮中，見盧舍那佛，坐百萬億蓮華赫赫光明座上。

貳、化佛代請

一、攝生還本

是時釋迦，即擎接此世界大眾，還至蓮華臺藏世界，此世界，乃至東方世界，南西北方世界，上方下方世界，及十方無量世界釋迦亦復如是，擎接彼世界大眾，還至蓮華臺藏世界。**百萬億**光重疊故，是表明此宮無窮無盡，相無盡，好無盡，光明無盡。**紫金剛光明**表菩提智境。**宮中**表涅槃理境。**見盧舍那佛**，回光返照即本來面目，自己舍那不從外得。**坐百萬億蓮華**權實雙彰，**赫赫光明座上**。

盧舍那，此云光明遍照。照有二義：（一）內以智光照真法界，是自受用義。諸惡都盡曰淨，眾德悉圓曰滿，淨滿從自受用得名。（二）外以身光照鑒大機，是他受用義。光明遍照，多從他受用得名。所言報者，修因感報，具極妙因果，自然安樂，遠離諸苦相，故名為報。然此報身，有自有他，自報即理智如如身，他報即相好無盡身。「百萬億」是表明此宮無窮無盡。相好光明各各無盡故。「蓮華」因中帶果，表因該果海，果徹因源，權實雙彰。「光明座」是三身圓現之座，上坐三身圓現之佛。我們頓破無明，即能見赫赫光明之座，頓證法身，入此法界宮中。

時釋迦及諸大眾，一時禮敬盧舍那佛足下已。釋迦佛言：此世界中地及虛空一切眾生，為何因何緣得成菩薩十地道？當成佛果為何等相？如佛性本源品中，廣問一切菩薩種子。

二、正請決疑

時釋迦及諸大眾，一時三業虔誠，**禮敬盧舍那佛足下已**為眾請法。**釋迦佛言：「此世界中**即娑婆，千百億釋迦講法**地**人間，**及虛空**天上**一切眾生**，即釋迦攀接生疑眾。**為何因何緣**即前天人疑念，**得成菩薩十地道**？分證果，此即上第一問。**當成佛果**究竟果，中間分齊境界**為何等相**？」即上第二問。**如**大部內〈**佛性本源品**〉**中**，**廣問一切菩薩種子**。佛性即菩提心，乃本覺義。

釋迦此問，正欲舍那發明，一切眾生皆以本光明為因相，亦以本光明為果相，以因因果果不離此一道常光故。金剛光明即是本源佛性，本源佛性即是菩薩種子，故在此廣問。

爾時盧舍那佛即大歡喜，現虛空光體性，本源成佛常住法身三昧，示諸大眾。

參、舍那酬答

〈一〉總答心地

一、顯示定相

爾時盧舍那佛即大歡喜爬著癢處，**現虛空光體性**，虛空則蕩無纖塵，表法身。光則遍照法界，表般若德即報身。體性則實相真源，法報不分，亦三德祕藏，一切眾生本來具足，為成佛之正因。舍那究竟圓證，今和盤托出，直使大眾當下見其若因若果之相，可謂直捷痛快。**本源**自體不二**成佛**，忽而法身，忽而報身，忽而化身，**常住法身三昧**，三身常住此光中，**示諸大眾**。不似吾人短住色身煩惱。

前釋迦身放慧光，為發問之端，是果中明因。以玄通華光主身放白雲色光，集眾起疑，是因中明果。今舍那答釋心地之道，不在別處，就是我與釋迦、菩薩、眾生，若凡若聖，若因若果，總是一道光明，無二無別，故直將自己一段受用境界，滿盤托出，示與諸人面前，要令人人直下承當，返本還源，識得自己本有光明金剛寶戒，菩提涅槃，真如佛性，圓滿具足，無欠無餘，故將定光示諸大眾也。

《合註》云：先以定示，略有三義：

（一）為顯法體，以此法門，非語言文字之所能宣，惟自覺聖智所行境界。然佛既親證此法，則常時在定，哪有出入？當體即是，亦何隱現？但眾生久沉迷網，惟同體大悲，能以不思議稱性方便而開曉之，故名為現也。

（二）為順悉壇因緣，自有眾生聞說法而得四益。亦自有眾生見入定而得四益。故須以定示之。

悉壇，此云遍施，以此法遍施眾生也。四悉壇：世界悉壇，歡喜益；為人悉壇，生喜益；對治悉壇，破惡益；第一義悉壇，入理益。

（三）為顯如來一語一默無非妙道，所作佛事皆悉不虛。先以定示，了此法不滯言詮。復以語答，了此法不墮暗證。相貌音聲皆為教體。

是諸佛子諦聽，善思修行。

我已百阿僧祇劫修行心地，以之為因，初捨凡夫成等正覺，

二、誡聽思修

是諸佛子諦聽，善思修行。

三、陳自因行

我已百阿僧祇劫修行心地，以之為因，初捨凡夫成等正覺。

號為盧舍那，住蓮華臺藏世界海。

四、舉自果相

（一）總明果相

號為盧舍那，此云淨滿，如望夜月，黑相都淨，光體圓滿，故名淨滿，從德立號。所言報者，修因感報，具極妙因果，自然安樂，遠離諸苦相，故名為報。然此報身，有自有他。自報即理智如如身，他報即相好無盡身。**住蓮華臺藏世界海**。答第二問，明依、正之體，即住體性虛空華光三昧。華藏世界是事，華光三昧是理，事理圓融各不相離，其臺即在毘盧性海中。

此上二節，總答因果二問。問何等因？即最初悟此心地光明，金剛寶戒為因。問何等緣？即依法修行三十心十地為緣。問何等果？即成等正覺號為盧舍那為正報果，住蓮華臺藏世界海為依報果。問何等相？即依、正莊嚴二報為果相。又住蓮華臺藏世界海者，此世界由於眾生心性顯現，還依眾生心性安住，眾生心性名為其臺周遍有千葉，一葉一世界，為千世界，我化為千釋迦，據千世界。後就一葉世界，復有百億須彌山、百億日月、百億四天下、百億南閻浮提，百億菩薩釋迦，坐百億菩提樹下，各說汝所問菩

蓮華，乃使世界亦如蓮華。即此心性為萬法之宗，故名為臺，含無邊之剎網故名藏，豎無終始故名世，橫絕方隅故名界，深廣難思故名海，究竟契合故名住也。

（二）別明果相

初、從體起用，從本垂跡。

其臺周遍有千葉圓表千法，別應二地，**一葉一世界，為千世界，我化為千釋迦**，正《起信論》所明於色究竟天，示現世間最高大身，乃帶劣勝應身，應「通教」機見者。**據千世界**，據者統攝化導之義。**後就一葉世界，復有百億**過千萬為億，共有十萬萬數**須彌山**，乃大千世界之區域也。須彌此云妙高，四寶所成，居四洲大海之中，腹上廣，頂為忉利所居，腰為日月所遶，如《起世經》廣明。**百億日月**、**百億四天下**、**百億南閻浮提**，四洲之一，在須彌南，為諸佛示生之處，此洲有一大樹名閻浮提，餘洲所無，故

提薩埵心地。其餘九百九十九釋迦，各各現千百億釋迦亦復如是。

千葉上佛是吾化身，千百億釋迦是千釋迦化身。吾以為本源，名為盧舍那佛。

以為名，亦名贍部洲也。**百億菩薩釋迦**，初坐菩提樹下，未示成佛，猶名菩薩，**坐百億菩提樹下**，初成正覺，**各說汝所問菩提薩埵心地**。**其餘九百九十九釋迦**除當機一釋迦故，**各各現千百億釋迦**化復現化，遍千百億界者，廣攝群機，曲垂方便，正《起信論》所明，自然而有不思議業，能現十方利益眾生，**亦復如是**初成正覺演此心地法門。

後、攝用歸體，攝跡歸本。

此舍那知凡小不能直達即體之用，而謂實有本跡應化之分，故下又須攝用歸體云云：**千葉上佛是吾化身**，**千百億釋迦是千釋迦化身**。**吾以為本源**，體用不二故，**名為盧舍那佛**。從本垂跡，則不異而異。攝跡歸本，則異而不異。指二重化歸於一真，正欲人人各悟本源覺性，元自清淨圓滿耳。

爾時蓮華臺藏座上
盧舍那佛，廣答告
千釋迦千百億釋
迦，所問心地法
品。

〈二〉廣答因相

一、總標問詞

爾時蓮華臺藏座上盧舍那佛，廣答告對上略答而言，**千釋迦千百億釋迦，所問〈心地法品〉**。上祇略答我已百劫修行心地，恐眾不知三十心十地之義，下詳答之。

諸佛當知，堅信忍中，十發趣心向果。

一捨心、二戒心、三忍心、四進心、五定心、六慧心、七願心、八護心、九喜心、十頂心。

二、釋心地名

（一）釋十住名

諸佛當知，堅信忍中，十發趣心向果。堅信忍者，菩薩於十住位中，修習空觀，信一切法，皆悉空寂。故雖修十度，能於空法，忍可忍證，名堅信忍。十發趣者，謂發起大心，從假入空，趣向真如果海故。即《起信論》「分別發趣道相者，謂一切諸佛所證之道，一切菩薩發心修行趣向義故，略說發心有三種」等文。

一捨心：內外皆捨入空三昧。**二戒心**：無集無受。**三忍心**：一切法如無鬪心故。**四進心**：趨向無退。**五定心**：不昏不散。**六慧心**：照了無礙。**七願心**：上求下化。**八護心**：善能提防即力度。**九喜心**：離苦得樂，見人得樂生喜即方便度。**十頂心**：無過於上，即智度，以最上智慧除十使，不受六道果故。

諸佛當知，從是十發趣心，入堅法忍中，十長養心向果。

一慈心、二悲心、三喜心、四捨心、五施心、六好語心、七益心、八同心、九定心、十慧心。

（二）釋十行名

諸佛當知，從是十發趣心，上二句結前，下一句起後**入堅法忍中**，**十長**聖胎**養**法身**心向果**。堅法忍者，謂菩薩於十行中，修習假觀，雖知一切法空無所有，而能假立一切法，化諸眾生，於假法中，忍可忍證，名堅法忍。十長養者，謂修種種行，滋長培養，日積月累有所成故。《圓覺經》云：「如幻三摩提，如苗漸增長，即長養義也。」

一慈心、**二悲心**、**三喜心**、**四捨心**，上四無量心，下四攝法。**五施心**、**六好語心**即愛語、**七益心**即利行、**八同心**即同事、**九定心**、**十慧心**。上八心即四等、四攝，第九定總於等，第十慧總於攝。四等妙定，四攝妙慧，皆有開發趣向金剛堅固義。出空入假，以如幻三昧，長養善法，即無住而常生心，即《金剛經》應無所住而生其心也。

諸佛當知，從是十長養心，入堅修忍中，十金剛心向果。

一信心、二念心、三迴向心、四達心、五直心、六不退心、七大乘心、八無相心、九慧心、十不壞心。

（三）釋十向名

諸佛當知，從是十長養心，入堅修忍中，十金剛心向果。

堅修忍者，菩薩於十向位中，修習中觀，知一切法，事理和融，於中道中，忍可忍證，名堅修忍。十金剛者，順入法界堅固不動故。前十住由信滿而入，此十向由行滿而入。以是菩薩於第一阿僧祇劫將欲滿故，即於真如法中，深解現前。於是心心實相，念念真如，行行圓融，修金剛三昧定，深入理觀，入佛果海，故云「入堅修忍中，十金剛心向果」。

一信心：但信自心決定成佛無疑執故。**二念心**：念念不失正智。**三迴向心**：迴則不住，向則不退。**四達心**：照徹無礙。**五直心**：直照平等。**六不退心**：不退入凡夫地。**七大乘心**：度眾生同入佛海故。**八無相心**：以般若照了妄想與解脫無二無別。**九慧心**：以智慧光明照徹體性。**十不壞心**：得金剛三昧故。

諸佛當知，從是十金剛心，入堅聖忍中，十地向果。

以上三賢位，十住是住如來家。十行是做如來事，行法界大理之事，處處要利他，故修行觀，處處行事要入觀，先觀而後行，行而又觀，觀而又行，行行不離觀，觀觀不離行。十向是將一切所修所行的功德，迴向三處：一、迴事向理，即迴向真如實際。二、迴自向他，即迴向眾生。三、迴因向果，即迴向菩提涅槃。三十心十地之中，一一心各具向、果二義者，趣入名向，住位名果，如四向四果等，義同。

（四）釋十地名

諸佛當知，從是十金剛心，入堅聖忍中，十地向果。堅聖忍者，十地位中正破無明，於中道理，忍可忍證，故名正忍，正者聖也。三賢名心，十聖名地者，以三賢位未證真如，非所依處。此十聖位，乃佛界地，為一切所依，住一切功德，生一切功德故，易心名地也。心外實無地，故品以心地二字目之。

一體性平等地、二體性善慧地、三體性光明地、四體性爾燄地、五體性慧照地，六體性華光地、七體性滿足地、八體性佛吼地、九體性華嚴地、十體性入佛界地。

一體性平等地：體性即法身，凡夫因果，畢竟不受，證平等性故。**二體性善慧地**：善修法身平等大慧，明達一切善根故。**三體性光明地**：以三昧解了智一切法門，現六道身，說無量法故。**四體性爾燄地**：以智慧燄，燒煩惱薪，入善權方便，教化一切眾生，能使見佛體性故。**五體性慧照地**：以十力智照，知善惡無二性故。**六體性華光地**：以十通智，現無量身心口別用，說地功德，百千萬劫不可窮盡故。**七體性滿足地**：具足十八聖人智品，於一切國土示現作佛成道轉法輪故。**八體性佛吼地**：入法王位三昧，其智如佛，入無量國土，而以法藥施諸眾生，為大法師，說法無畏，如大獅子吼故。**九體性華嚴地**：得佛華嚴如來三昧自在王定，於百億四天下一時成佛，現無量身口意，說無量法門。**十體性入佛界地**：十號具足，有不可說奇妙法門，非下地所知，唯佛可盡其源故。

【編案】

（一）修菩薩道所言階位者，諸經所稱之名不一，凡聖階位各有側重，現採常引經典所稱之名，總列表如〔附表一〕〈菩薩道諸經凡聖．階位名字表〉。

（二）前三賢位三十心者，每一心修觀伏惑亦各別，總觀空假中精進聞思修，三賢雖道因不同慧用，心心亦圓修體用果海，其簡綱如〔附表二〕〈梵網經三賢位．觀伏慧用表〉。

（三）上十地名堅聖忍者，金剛心中，以中道觀，修習聖法，發真智斷，成堅固忍，乃證十地。斷十重障，證十真如，猶如大地，荷負一切。捨凡入聖，頓同佛體，灼見佛性，故一一皆名體性地也。此與通途十地，意義頗同，名字迥別，至後再釋。又十地皆有發趣長養金剛之義。而直云體性地者，前約相似解行，故地地皆名為心。此約證真履實，故心心皆名為地耳。每一地所斷之惑，與所證之真，各有寄顯行持，如〈附表三〉〈梵網經十聖位．斷證寄顯表〉。

（四）《梵網經》菩薩道所言：堅信、堅法、堅修，文同《瓔珞經》。《瓔珞經》云，三賢十地等妙諸菩薩，分為六位，各具性、觀、慧、堅、忍，五法隨六位分為六種，加以註釋，使人人可了，如〈附表四〉〈瓔珞經菩薩道．學觀次第表〉。

是四十法門品，我先為菩薩時，修入佛果之根源。

如是一切眾生，入發趣、長養、金剛、十地，證當成果。無為、無相、大滿、常住，十力、十八不共行，法身、智身滿足。

三、結答問意

初、舉法陳因。

是四十法門品舉法，**我先為菩薩時**舉果明因，**修入佛果**舉因明果**之根源**。正覺如果，此法如根。正覺如海，此法如源。佛所先修，決定非謬。

後、作勸修證。

如是一切眾生，**入發趣**、**長養**、**金剛**、**十地**，**證當成果**。**無為**諸漏永盡，即我德。**無相**顯法身，即淨德。**大滿**萬德圓極，即樂德。**常住**不變不遷，即常德。顯報身**十力**、**十八不共行**，**法身**、**智身滿足**。

報身十力、十八不共滿足故大滿，法身滿足故常住，智身即報身滿足故，無為無相。報身力不共亦無為、無相、大滿、常住。法身亦無為、無相、大滿、常住。智身亦無為、無相、大滿、常住，三身各具四德也。

爾時蓮華臺藏世界盧舍那佛，赫赫大光明座上，千華上佛、千百億佛、一切世界佛。

肆、華光請釋

一、總標報化

爾時蓮華臺藏世界盧舍那佛，赫赫大光明座上，千華上佛、千百億佛、一切世界佛，都從舍那心地流出。

是座中有一菩薩，名華光王大智明菩薩，從坐而立。

白盧舍那佛言，世尊：佛上略開十發趣、十長養、十金剛、十地名相，其一一義中未可解了，唯願說之！唯願說之！妙極金剛寶藏一切智門，如

二、別明當機

是座中有一菩薩，名華光王大智明菩薩，從坐而立。前云玄通華光主，此云華光王大智明者，正顯心地法門，非具大智慧者不能通問，非智行自在之人，不能問智行滿足之事。華光王即華光主義，大智明即玄通義。前文放光集眾，表示由本智而起妙行，故名玄通華光主。今文問義秉修，表示資妙行而趣大覺，故名華光王大智明。

白盧舍那佛言，世尊：「**佛上略開十發趣**、**十長養**、**十金剛**、**十地名相**，**其一一義中**修斷觀智，**未可解了**，**唯願說之**！**唯願說之**！」此經是塵塵剎剎說，一說一切說。不是有時間之說，乃是無時間性之說。**妙極金剛寶藏一切智門**，一切智門，皆名妙極金剛藏者，以智能登峰造極，故曰妙極，即妙覺果海。智能斷惑，故喻如金剛。此智具足一切功德，故云寶藏。能為一切賢聖修

來百觀品中已明問。

斷方便、觀智根本，故云一切智門。**〈如來百觀品〉中已明問。**

第二篇

心修三賢

爾時盧舍那佛言：千佛諦聽，汝先言云何義者？發趣中。

伍、釋十住義

〈一〉總標問詞

爾時盧舍那佛言：「千佛諦聽，汝先言云何義者？發趣中。」以十波羅蜜，心心開發，趣向真道，名十發趣。前因千佛問而答其綱，茲因大智明問而答千佛，以悉其目。但告千佛者，此如來本所修行無上法門，故令千佛轉相傳授也。

若佛子，捨心者，一切捨，國土、城邑、田宅、金銀、明珠、男女、己身、有為諸物，一切捨。無為無相，我人知見，假會合成，主者造作我

〈二〉別解其義

一、釋捨心位

十發趣以空觀為首，故所修十度悉皆無相。別則一心分對一住，圓則住住修行此心，乃至妙覺圓滿此心。別經名發心住，謂於諸劫中行十信心，不作邪見，廣求智慧，而行捨心，捨有十種，總即唯三，謂財、法、竭盡施。

若佛子，標能修之人，紹佛家業當踐佛位，故名佛子。**捨心者**，**一切捨**，標所修之法，捨內外物及我法二執也。**國土**、**城邑**、**田宅**、**金銀**、**明珠**、**男女**、**己身**、**有為諸物**，**一切捨**。以上捨內外物，下捨我法二執。**無為無相**，**我人知見**，**假會合成**，假借眾緣會合而成，因緣和合虛妄有生。**主者造作我見**，外道不知是假，妄計自然、時、微塵、冥諦等為主者，造作諸物。不知主

見。
十二因緣無合、無散、無受者。十二入、十八界、五陰，一切一合相，無我、我所相。

假成諸法，若內一切法，外一切法，不捨不受。

者及神我、上帝、基督，皆是所造，非是能造。

　上外道，下二乘。**十二因緣無合**、**無散**、**無受者**。二乘不解，妄計十二因緣展轉相生，不知緣生無性，以本非緣合而生，亦非緣散而滅，亦無有人受生滅者，何以故？以**十二入**、**十八界**、**五陰**，**一切**諸法皆是真空**一合相**，本**無有我**，亦無有法、**我所相**。本來無為無相，不由假合而成，故曰一切一合相。一合二字正說無為無相之處，與上假會合成之合字不同，既曰無相，又曰一合相者，總無相中而妙言之。

　無我則誰為主者？無我所相，誰為我所受用者？故知一切諸法，都是因緣和合，**假成諸法**，實則因緣、自然二俱虛妄，如《楞嚴》所明。**若內一切法**五蘊身心等，**外一切法**國城男女等，一一皆如來藏，**不捨**一切法（雙照）。**不受**一切法（雙遮），永離二邊契會中道。故雖一切捨，覓捨相不可得。雖受，覓受相不可得。雖菩薩爾時知如假會，觀現前故，捨心入空三昧。

捨，不見有我，為能捨之人，亦不見有物，為我所捨之法。二性空故，亦不見有受施者，以三輪體空故，即合「初住佛家」之理。

上捨我法二執竟，下結承捨觀之益。**菩薩爾時知如假會，觀現前故**，了知諸法，皆從真如隨緣假會而有。此十住菩薩修習空觀，蕩一切法，無所有相。今既於假法上而修捨心，似同假觀，故名如假會觀現前。此觀現前，任運入空三昧矣，故云**捨心**證**入**真**空三昧**。

若佛子，戒心者，非非戒，無受者。十善戒，無師說法。

二、釋戒心位

即治地住，常隨空心行諸法門故。大乘戒戒心，不同小乘戒戒身，若人識得心，大地無寸土，此即是戒心。若心地治平，則眾生與諸佛平等。傅大士頌云：「須彌芥子父，芥子須彌爺，山海坦然平，敲冰來煮茶。」此戒總有三聚十無盡戒，別則三千八萬無量戒也。

若佛子，**戒心者**，**非非戒**。先標無作戒體，明戒心體用。非戒者，外道邪戒，及凡夫取相持戒，雖善惡不同，咸非入道正門，故名非戒。今菩薩戒體，非同凡外之戒，故云非非戒。**無受者**，菩薩無作戒體，無受而受，無戒而戒。雖了知戒性，體如虛空，本無垢染，不妨隨順性戒修行，故云無受者。

無受而受故云：**十善戒**，**無師說法**。十善戒者，正明菩薩所以不受諸不善戒，但奉持三世諸佛所說十無盡藏（即下卷流通分中欺盜乃至邪見，無集者。

慈、良、清、直、正實、正見、捨、喜等，是十戒體性。

制止八倒，一切性

「一切佛心藏、地藏、戒藏、無量行願藏，因果佛性常住藏」等文），波羅提木叉清淨妙戒故也。此光明金剛寶戒，即一切眾生本源性中各自具足，非從師說而有，故曰無師說法戒。

上明戒心體用離有，無師無受故，下明惡戒體空。**欺盜乃至邪見**，諸十惡法不可得故。**無集者**，當體全空，無惡等心，以無集可斷，故無戒可受。

慈，哀愍一切，則無殺生之惡念。**良**，溫和善良則不盜。**清**，無染污之行則不婬。**直**，無虛誑之語則不妄。**正實**，邪妄虛浮盡遣，則無沽酒等事。**正見**，絲毫邪僻皆除，此一攝三，即不說四眾過、不自讚毀他、不訕謗三寶。**捨**，無慳惜加毀之心。**喜**，則無瞋心不受悔之意。**等**，**是十戒**即下卷十重戒**體性**，戒用即是十善，乃至三千威儀八萬細行，戒體即是光明金剛寶戒。

下結明**制止八倒**，了達自性金剛寶戒。蓋凡夫及外道，不論離，一道清淨。

善戒、惡戒，咸生取著，無常計常，苦謂之樂，無我執我，不淨計淨，故成有漏因果。二乘雖證無漏，不達體性，常謂無常，樂謂是苦，我謂無我，淨謂不淨。故入涅槃時，戒善隨廢。大乘從性起修，全修在性，以性德為所依體，即以無作妙色為當體。始從初受，極至佛身，不壞不失，任運止惡行善。性德即法身，無作即報身，所謂諸佛究竟色也。於律儀上，法爾有攝眾生義，即應化身。此戒心亦可別對治地住，地是所治，戒是能治。**一切性離**，善惡戒體空，不但無惡，亦復無善。**一道清淨**，從性起修，全修在性，此顛倒之性既已遠離，唯證一道無師所說，清淨體性光明金剛寶戒。

若佛子，忍心者，有無相慧體性，一切空空忍。

一切處忍，名無生行忍。

三、釋忍心位

即修行住，謂能修行忍力，長養眾善根故。《仁王》五忍者：三賢名伏忍。初、二、三地，名信忍。四、五、六地，名順忍。七、八、九地，名無生忍。十地、等、妙，名寂滅忍。忍有多種：今經中具六，以該一切。

（一）無相慧忍：**若佛子**，**忍心者**，**有**不從外得**無相**，如如理**慧**，如如智**體性**，觀察世出世法**一切空**，諦察忍可，而不執著**空忍**。此忍本乎無相慧體性，而起無相大智慧光明，觀察世出世間一切諸法，悉如虛空，無有色相、無彼此、無二法，惟一體性，性淨無物，即以無相之能，開化無相之所，達入一切空空，故云有無相慧體性，一切空空忍也。

（二）普願行忍：**一切處忍**即是普願，**名無生行忍**。以無生滅，二俱離故，凡一切處，無非所忍。不見有少法生，不見有少法一切處，得名如苦忍。

無量行，一一名忍。

無受、無打、無刀杖瞋心，皆如如。

無一一諦，一相、無無相、有無有相、非非心相、緣無、緣相。

滅，生滅俱離，即入無生，故云一切處忍，名無生行忍，即普願行忍也。

（三）耐怨害忍：**一切處**境**得名如苦忍**。達境唯心，心不自心，因境有心，境不自境，因心有境。心境一空，得名如苦忍。所謂不因訕謗起冤親，何表無生慈忍力？

（四）無量行忍：**無量行**推廣所忍之行，**一一名忍**。此忍總收上一切處，能忍心智。

（五）安受苦忍：**無受**、**無打**、**無刀杖**、無**瞋心**，**皆如如**。了達三輪體空，無受打我之相，則無打我之人，亦無所打刀杖之眾生相，心本如如，則無忍苦之壽者相。

（六）諦察法忍：**無一一諦**，本無真俗二諦，及苦集等諦，此不墮常見。又恐作斷見會，故下云，唯**一**實**相**，離**無**，而無**無相**。離**有**，而**無有相**。遣所忍之法相不可得（所緣空）。**非非心**

立住動止、我人縛解，一切法如忍相，不可得。

相遣，能緣之心相不可得（能緣空）。**緣無**、**緣相**雙遣，能所俱相亦不可得。

立住動止一切法當體皆空，**我人縛**不空是凡夫，**解**能空的是聖人，**一切法如忍相**，**不可得**。行忍而不見忍相可得者，名為真忍，故佛為歌利王割截，若有我相人相，則生瞋恚。

若佛子，進心者，若四威儀，一切時行伏空，假會法性，登無生山。

而見一切有無，如

四、釋進心位

即生貴住，生在佛家，種性清淨故。**若佛子，進心者，若四威儀，一切時**無相精進時，常無間**行伏空**，**假會**假觀行，伏假**法性**。下句伏中，**登無生山**中觀，在塵出塵，迴超二邊，高出無礙，是名為山。

三賢當伏忍位：十住伏空，十行伏假，十向伏中，但一而三，三而一，每位皆有三觀，進修菩提，降伏其心，行伏空、伏假、伏中。

總言之，此位菩薩行住坐臥，一切時所行者，無非降伏其心，而入於空。何以故？以知諸法本無實性，行伏空。悉由眾緣假會合成，行伏假。本自無生相可得故，登無生山，行伏中。此上即行空、假、中三觀也。

當此時也，遍見一切有無諸法，**而見一切有無**，凡夫著有，

有如無。天地青黃赤白一切入，

乃至三寶智性，一切信進道，空、無生、無作、無慧。起空入世諦法，亦無二相。

續空心，通達進分善根。

外道著無。**如有**，有不自有，因如而有，有亦如也。**如無**，無不自無，因如而無，無亦如也。當知無有一法，不是如來藏心，性淨明體。喻如泡沫，不自有無，因水而有，因水而無也。**天地青黃赤白一切入**。

上觀世間法，下觀出世間法。**乃至三寶智性**光明體性，於**一切**處，唯以**信**心為**進道**，勤加精進而入**空**、**無生**諸法不生、自性常生**無作**，不造作生死之因、**無**能觀之**慧**，以所觀諸法不可得故。**起空**，起真空觀，出伏空定，**入世諦法**廣度眾生，**亦無二相**。入真不著真，入俗不著俗，即有即空，不以空有為二相。

下二句結顯無相精進，**續空心**，相續真空觀心，**通達進分**，分分增進，**善根**趨向佛位。又續空心者，乃從假入空，從空入假，空假圓融無間，通達無礙。善根即菩提本妙心，證無生空，不進而進。《法句經》云：「若起精進心，是妄非精進，若能心不妄，精進無有涯。」

又三解脫門：空門、無相門、無願門。

（一）空門：觀諸法，無我、我所。觀一切諸法皆從因緣和合而生，其體本空，即悟自性真空，而不隨因緣生，而得解脫。

（二）無生門：即無相解脫門，觀諸法，無一異、男女等相。承上觀諸法皆空無相可得，即悟自性常生，而不隨因緣滅，故得解脫。

（三）無作門：即無願解脫門，知一切法無有造作。菩薩既觀諸法空無有相，即無願求，既無願求，即不造作生死之因，即無生死之果，故得解脫。

若佛子，定心者，寂滅無相，無相無量行，無量心三昧，凡夫聖人，無不入三昧，體性相應。

一切以定力故，

五、釋定心位

即具足方便住，謂修習無量善根力故。

初、先明佛子定心體用觀照之義。

若佛子，**定心者**，先標定體，**寂滅**三心俱泯，**無**能定之心**相**。**無**所定之境**相**，**無量行**，明菩薩動靜一如，由入定時，無能所二相故，雖無相而能具無量行，及四無量心三昧等，**無量心三昧**，**凡夫聖人**，**無不入**此**三昧**，以定體平等故，大慈與一切眾生樂，大悲拔一切眾生苦，大喜於一切凡聖等生喜悅，大捨於一切凡聖等心無二。此四無量定三乘聖人固所共修，一切凡夫亦皆曾證。以劫盡時，水火風災將起，一切有情法爾成就此定，乃生四禪處故。所以此三昧體性，能與凡夫聖人相應。故云：**體性相應**。

後、明定心觀照假會之義。

一切時處皆**以**三昧**定力**觀照**故**，照見**我**見、**人**見、**作者**眾生我、人、作者、受者，一切縛見性，是障因緣。散風動心，不寂而滅，空空八倒無緣，假靜慧觀，一切假會。

念念寂滅，一切三界果罪性，皆由定滅，而生一切善。

見、**受者**壽者見，**一切**執**縛**邪**見**種**性**，皆**是障**道的**因緣**。**散**亂境**風**鼓**動心**海，**不寂而滅**，以定力故，不作意求寂，而自永滅。**空空八倒**，凡夫四倒、二乘四倒，**無緣**生滅之緣自空，依此無緣，而修**假靜慧觀**假靜止動，假慧照昏，假此二者為觀，定慧圓明，靜照**一切**我人**假會**幻化，合成妄想因緣之法。

念念從此**寂滅**，生滅顛倒之念既空，則**一切三界**因**果罪性**，**皆由**此**定**力而**滅**，**而生一切善**。《合註》云：「此定心別對方便具足住者，三昧體性，凡聖無不相應，如胎已成，人相不缺也。」

若佛子，慧心者，空慧非無緣，知體名心，分別一切法。假名主者，與道通同，取果行因，入聖捨凡，滅罪起福，縛解盡是

六、釋慧心位

即正心住，成就般若法門也。智能照境，慧能了境，於境分明無惑能轉物也。上來以定滅惑，則惑無不遣，於寂定中發生空慧，由空慧觀，入中道第一義諦，靡不以智體性為慧用故。至於十度萬行皆以智慧為元首。此慧是金剛妙慧，此心是一真無障礙，盡虛空遍法界圓滿無礙之心。凡夫認肉團為心，是黑暗之心，此菩薩認虛空體性之心，是光明之心，即是慧心。

初、文中先明佛子慧心體用觀照之義。

若佛子，**慧心者**，真**空**妙**慧**，此真空體性本源妙慧，**非無緣**非是無緣而生，又非即緣而生，是即本有空慧，靈明**知體**亦**名**為真**心**，不假他緣故也，**分別一切法**而不起分別想者，名空慧也。**假名主者**，此靈知心，本無主宰，以應用不測，假名主者，如人姓王姓李，一口氣不來又不知變作何姓，其實**與**如來所證之**道**，**通同**脗

體性功用。

一切見，常、樂、我、淨，煩惱慧性不明，故以慧為首，修不可說觀慧，入中道一諦。

其無明障慧，非相非來、非緣非罪、非八倒。無生滅，慧光明談為照，樂虛方便，轉變神通，以智體性，所為慧用故。

合。今菩薩**取**如來所證之**果**覺，**行**為**因**地心，故能**入聖捨凡**，**滅罪起福**，**縛**凡夫迷，**解**賢聖悟，若以靈知一照，**盡是體性功用**。

後、中明空慧觀照之益。

一切見，以能照見涅槃四德**常**、**樂**、**我**、**淨**，亦能照見十使**煩惱**，**慧性不明**，**故以慧為首**，但眾生為無明所覆，慧性不明，不能照真見妄，為彼所轉，若靈知一開，便能照見真妄根本，故六波羅蜜以慧為首。菩薩能**修不可說觀慧**，證**入中道**第**一**義**諦**。

由證入故，即知**其**向之**無明**所**障**者，即**慧**性也，今者了知無明，當體全空，即慧性也，**非相**以非有相，**非來**亦非來相，**非**能所**緣**，**非罪**累，**非八倒**。原**無生滅**，是以**慧光明**談獨**為照**耀，**樂**即空三昧樂，**虛**虛徹靈通，無量**方便**，無量**轉變**，種種**神通**化導含識，皆**以**平等**智**為**體性**，一切**所為**無非空**慧**為**用故**。若不依此平等智體，本源空慧，以為照用，則凡所作所為，皆是無明業力使然。

若佛子，願心者，願大求一切求，以果行因，願心連願心連，相續百劫，得佛滅罪。

求求至心，無生空一願，觀觀入定

七、釋願心位

即不退住，入於無生畢竟空界故。入智體性之照慧，而不住此慧，直趣佛果。無心之求謂之願，願為行本，流出無量功德法財，因之起願。

初、正明佛子願心體用觀照之義。

若佛子，**願心者**，**願大求**惟為菩提，即上求。**一切求**不捨一法，即下化。欲**以果**地覺，**行因**地心，**願心連願心連**，**相續百劫**，先達心佛眾生三無差別之理，稱果覺性而行妙因，故云以果行因，所發大願相連不斷，永無退悔，猶如舍那本所修行至百劫之久，必**得**親見**佛**性**滅**無量**罪**。

後、申明願心始終，因果究竟之義。

求上求，**求**下化，**至**誠懇切之**心**，至於心無所求，即以**無生空**智契無生空理，**一願**理智一如，一願平等，生佛無二。**觀觀入**

照，無量見縛，以求心故解脫，無量妙行，以求心成菩提，無量功德以求為本。

初發求心，中間修道，行滿願故，佛果便成。觀一諦中道，非陰、非界、非沒生、見見非、解慧。是願體性，一切行本源。

定照，雙明二觀，惟顯中道，以空觀入假觀故照，以假觀入空觀故定。如是二觀俱遣，空假不立，定慧圓融，是即照而常定，定而常照，即此觀觀之照，照照之觀，是故**無量見縛**，**以求心故解脫**，即上滅罪之義。**無量妙行**，**以求心成菩提**，即罪無，即上得佛之義。**無量功德以求為本**，即無生空一願之義。

初發求心始覺，**中間**相似覺，**修道**隨分覺，**行滿願**足究竟覺**故**，**佛果便成**。於佛果位中，**觀一諦中道**之理，本無佛道可成，本無眾生可度，本來無縛無解，菩提本具，功德本圓，本如來藏妙真如性。故下云**非五陰**、**非十八界**、**非沒生**觀生滅非生滅、**見見非**觀諸見非諸見、**解慧**非初二乘解慧能入。當知**是願**，即是中道**體性**，如是妙慧，為一切願心本體，**一切行本源**。以此願而求此道，如以水投水，以空合空，無不成就，故欲求正覺者，先求無生空一願為本，所謂但得本，莫愁末也。

若佛子，護心者，護三寶、護一切行功德。

使外道八倒惡邪見，不嬈正信，滅

八、釋護心位

即童真住，謂不生邪倒破菩提心故，行力波羅蜜。力，謂力用，萬境不動，善辦眾事故，唯有力故能護三寶，護一切行功德也。自捨心至此，位位不離，位位相連，離則非護也。如童子天真爛漫，無一毫私欲，不起貪瞋癡殺盜婬之心，名童真住。

初、正明佛子護心體用觀照之義。

若佛子，**護心者**，以金剛大力**護**持此根本之**三寶**，即**護一切**六度四攝**行功德**。於行門無怠無惰，有始有終名為功。無人無我，無取無捨，是名為德。一切行中，不是修功，便是立德。除功德外，非是我們所行之事。自行行他，無行而行，乃至無行無不行，一行一切行，不分人我，普度眾生，此真護三寶之佛子也。

使外道八倒惡邪見，**不嬈正**翻邪**信**除疑。護三寶，不為外道邪見四倒所嬈；護一切行功德，不為二乘偏空四倒所嬈，故於佛我縛、見縛，無生照達二諦，觀心現前，以護根本。

無相護護，空、無作、無相。以心慧連慧連，入無生空道智道，皆明光明光。

道具足正信。**滅我縛**破我執入無生、**見縛**破法執，以**無生**理智，無生者，惡邪見不生，我縛、見縛都無從而生，所謂有心用到無心處，以此無生理智而起觀照，**照達二諦**皆不可得，照空不沉空，照有不滯有，空而不空，不墮斷見，有而不有，不墮常見，不滯空有，不墮斷常，二諦圓融，互攝無礙，**觀心現前**，**以護**正信之**根本**。所謂心性不迷即佛寶，心性離念即法寶，於理不違即僧寶。

中、中明無生觀照工夫之義。

從**無相護**心中，行無相**護**行。護而又護，護己護他，護人護法，護到無可護處，則自心根本三寶現前。所護之正信，處處解脫**空**、**無作**、**無相**三解脫門，即證無相真空、以證無相空故而無所造、以無所造故，名為無相。**以心慧連慧連**，**入無生空道智道**，**皆明光明光**。由此心中智慧相連不絕，則能證入無生空道，其能觀之智，及所觀之無生空道，皆悉明光明光，重言明光者，即理智護觀入空假，分分幻化，幻化所起，如無如無。

法體集散不可護，觀法亦爾。

互照之象，即燈燈相續，光光相照。

後、結遣觀法，又以此明光智道，以顯無相護心之義。

護持**觀**智**入**於**空假**二境，觀入於空，即遣真相。觀入於假，即遣俗相。空也是假，假也是空，一切都不可得。**分分幻化，幻化所起，如無如無**。空之真相既遣，則空中之分分許多幻化，所滅何有？假之俗相既遣，則假中之紛紛幻化，所起何有？以是生即如生，滅即如滅，生滅皆如，故云如無如無，可得也不可得。

法體集散不可護，集之不可，散之又不可，以法體本無集散故也。菩薩既以無生妙慧觀照諸法，幻化起滅如無，故知諸法緣會而集，法體本自不生。緣散而滅，法體本自不滅。既諸法體本無集散，則無實法可護，故云：法體集散不可護。**觀法亦爾**，所護法體既不可得，豈有能護觀智而可存耶？故云觀法亦爾，是則境智俱遣，了不可得。如是觀行，如是正信，方能護持三寶功德，乃根本無相護，若有少法可得，則為八倒之所嬈亂矣。

若佛子，喜心者，見他人得樂，常生喜悅。及一切物，假空照寂，而不入有為、不無。

九、釋喜心位

即法王子住，謂從佛正教而生於解，當紹佛位故，又法王以眾生涅槃為喜故。喜者，喜一切眾生離苦得樂，菩薩待眾生，如父待子，所謂父母惟其疾之憂，如維摩為眾生而病，法王以眾生得樂為喜，故此又稱法王子住。行方便波羅蜜，是利生邊事，故應在願力之後。

初、明佛子喜心體用觀照之義。

若佛子，喜心者，見他人得樂推己及人，樂人之樂，以他人得樂為喜境，他人了生死，得世出世間之樂，**常生喜悅**，此即喜心。**及一切物**，明菩薩喜心廣大無邊。他是無相大樂，我是無相歡喜，一法不可得，才是大樂，有相可得，即非真樂，悉無自性故。即**假**、即**空**、即**照**慧、即**寂**定，**而不入有為**、**不入無**為，有無皆不可得，這纔是寂然大樂。菩薩喜心不同凡小，如入假觀時，照而寂然大樂無合，有受而化，有法而見云假。

法性平等一觀，心心行多聞一切佛行。功德無相喜智，心心生念而靜照，樂心緣一切法。

常寂，而不入有為，離有為相故，不同凡夫情見之喜。如入空觀時，寂而常照，而不入無為，離無為相故，不同二乘空見之喜。既不假不空，不有不無，是何等境界耶？即是定慧圓融。

寂然大樂無合，二邊不住，中道不立，有慧力故，即能轉物，**有受**喜心**而化**，**有法**喜境，**而見**諸法之相**云假**，當體如如。

後、佛子喜心體用之觀照。

解諸**法**之**性平等**，人人具足**一觀**。**心心**所欲**行**者，皆從**多聞一切佛行**不落小乘行。**功德**行皆以**無相**隨**喜**之**智**，以無相大樂合無相妙智，這真可喜，**心心**不敢怠惰，**生念**於念念中攝取現前，**而**常**靜**常**照**，即以靜照不二之**樂心**，遍**緣一切**已得未得之**法**。未得法樂之眾生，令其同證無相喜中，寂然大樂無合之道。

若佛子，頂心者，是人最上智，滅無我輪，見疑身一切瞋等，如頂觀連，觀連如頂。法界中因果，如如一道，最勝上如頂，如人頂。

非非身見，六十二見。五陰生滅，神我主人，動轉屈申，無受無行，可

十、釋頂心位

即灌頂住，謂觀空無相，得無生忍，法水灌頂故。以上十度，度度到頂。

初、正明菩薩頂心上智，體用觀照破惑義。

若佛子，頂心者，是人最上智，先舉能滅之智**滅無我輪**，次舉所滅惑相，**見疑身一切瞋等**十使，最上**如頂**之**觀**智**連**相續，**觀連**觀於**如頂**法。故了知**法界中**，若**因**若**果**皆**如如**原是**一道**，更無二如，不分能所。是故此智**最勝**最**上如頂**，**如人**之**頂**首出庶物，更無有上。（【易・乾卦】首出庶物，萬國咸寧。或謂天者，天然自在，首出庶物，以上品十善，及世間禪定為因。）

次申所破之惑，**非非身**計**見**，前非字是能遣之觀智，後非字乃所遣之惑業**六十二見**，亦非也。外道於五陰中，每一陰起四種見，則成二十見。約過、現、未論之，成六十見，以斷常二見而為

捉縛者。

是人爾時入內空，值道心心眾生。不見緣，不見非緣，住頂三昧寂滅定，發行趣道性實。我人常見，八倒生緣，不二法門，不受八難幻化果，畢竟不受。

唯一眾生，去來坐立，修行滅罪，除十惡、生十善，入道正人正智正行。

根本，總成六十二見。亦非**五陰生滅**之法，亦非外道所計**神我主人**，能**動轉屈伸**者。**無受**亦不受諸法，**無行**亦無行相可得。既是第一正受，心行處滅，又安**可捉縛者**。

中、明菩薩頂心寂定，體用觀照，破惑證真之義。

是人爾時既證頂法，滅於身見，乃至無受無行，便證**入內空**三昧，親**值**其**道**名為見道，**心心**唯以平等廣度**眾生**。**不見**有**緣**，不以有緣而度，**不見非緣**，不以無緣而不度。安**住**如是**頂**心**三昧寂滅**正**定**，**發**起妙**行趣**向佛**道**體**性**真**實**。**我**四相**人常**斷**見**，**八倒**妄見**生**滅因**緣**，轉為**不二法門**，**不受八難幻化果**，皆**畢竟不受**。

後、然既無我人，亦無果受，將誰修行而成佛道耶？唯有一種八識心，心所之法聚，假名眾生，而即思惟**唯一**切**眾生**，示現**去來坐立**四威儀。示作**修行**集福**滅罪**，令諸眾生**除十惡**、**生十善**，菩薩達觀現前，不受六道果，必不退佛種性中，生生入佛家，不離正信。上十天光品廣說。

入佛**道**作**正人**發**正智**，起**正行**不著二邊。亦如**菩薩達觀現前**，**不受六道**有漏**果**，亦**必不退佛種性中**，**生生入佛家**，**不離正信**。

上〈**十天光品**〉**廣說**。

盧舍那佛言：千佛諦聽，汝先問長養十心者。

陸、釋十行義

〈一〉總標問詞

今初前十住是自利邊多，此後是十種利他法行，饒益眾生。

盧舍那佛言：「千佛諦聽，汝先問長養十心者。」此由最上頂心得入十行。上十住是住如來家，此十行是做如來事。

《瓔珞經》云性種性者，已住如來家，既來之則安之，法界家中的子孫，要順法性理體平等。行觀者，處處行事要入觀，先觀而後行，行而又觀，觀而又行，行行不離觀，觀觀不離行。長養心者，四無量定，四攝法慧，最能增長佛道，養育眾生，名十長養。別則一心分對一行，圓則位位具修此心，乃至妙覺滿足此心。今就義便約從空入假為解，既二諦平等，則中道自圓彰矣。又四等非無觀慧，四攝非無定力，今以定慧分攝，亦一往語耳。

〈二〉別解其義

一、釋慈心位

初釋慈心位，於四無量定中，即慈無量行，別經名歡喜行，謂入法界定，不為諸邪所動故也。

四無量行，慈以喜樂因緣與眾生，大慈觀眾生皆樂，名愛念眾生，常得安隱樂事以饒益之。悲以離苦因緣與眾生，大悲觀眾生皆苦，名愍念眾生，受五道種種身苦心苦。大喜觀眾生皆喜，欲令眾生從樂得喜。大捨捨上三種心，但念眾生，不憎不愛。慈有三種：

（一）有情緣慈，謂佛菩薩觀諸眾生猶如赤子，運大慈心而宏濟之，令其皆得受安樂故。

（二）觀法緣慈，謂諸菩薩觀一切法，皆從因緣和合而生了無自性，運慈心以弘濟之，令其皆得受安樂故。

若佛子，慈心者，常行慈心，生樂因已，於無我智中，樂相應觀入法，受、想、行、識、色等大法中，無生、無住、無滅，如幻化，如如無二。

故一切修行成法輪，化被一切，能

（三）無緣大慈，謂諸菩薩無心攀緣一切眾生，而於一切眾生自然各獲大利益故。

初、正明佛子慈無量心體用觀行之義。

若佛子，慈心者，常行慈心，前十住人，發心修行以檀為首，此十行人接物利生以慈為本。**生樂因已**，由**於無我智中**，即根本智，無我才能觀，有我即不能觀，由**樂相應觀**於此智中，觀諸眾生實無苦境，本來自樂，是故自樂樂他皆以此智，是所謂相應也，**入法**能入觀行，所入觀法，觀於**受**第五、**想**第六、**行**第七、**識**第八，上四心蘊，下一色蘊，**色等**四**大法中**，本來**無生**，所謂照見五蘊皆空，度一切苦厄，即「有情緣慈」義。**無住**、**無滅**一切（即空），**如幻化**（即假），**如如無二**（即中）。

故一切修行成就無上**法輪**，用以自利**化被一切**，利他**能**使一切眾生咸**生正信**，**不由魔教**是獲離苦得樂之因，即「法緣慈」

生正信，不由魔教，亦能使一切眾生，得慈樂果。非實非善惡果，解空體性三昧。

義，**亦能使一切眾生，得慈樂果**。即「無緣慈」義。

後、結示觀體照用之義。

非二乘之**實**法，所謂慈樂果者，非二乘所取實滅諦果，**非**凡夫所感**善惡**有漏**果**報。**解空**乃是如如智所解，如如理所空，**體性三昧**是諸佛菩薩大法樂，從此生慈，行慈得樂，是真佛子慈無量心之體用觀行也。

若佛子，悲心者，以悲空空無相，悲緣行道，自滅一切苦，於一切眾生，無量苦中生智。不殺生緣、不殺法緣、不著我緣，故

二、釋悲心位

即悲無量也，別經名饒益行，常化眾生，使得法利故。菩薩發菩提心，不為自身求無上道，亦不為五欲境界，於三有中施種種樂故修菩提行。何以故？世間之樂，無非是苦，眾魔境界，愚人所貪，諸佛所訶。菩薩見之，起大悲心而救護之。苦從何來？體性不明故。凡夫不斷煩惱故有「分段」之苦。二乘不肯度生，入空牢獄中，故有「變易」之苦，皆因不明心地。文中分三。

初、正明悲無量心體用觀行之義，即有情緣悲也。

若佛子，**悲心者**，**以**恆用**悲**心，**空空無相**非愛見之悲，了知大悲之體，今欲證此體故，以**悲緣**而**行**菩薩之**道**，**自**然任運**滅一切苦因**，**於一切眾生**，**無量苦中生**大悲拔濟**智**。

下明苦本**不殺**「**生緣**」一切眾生而為樹根，諸佛菩薩而為花果，以大悲水饒益眾生，則成就諸佛菩薩智慧花果。**不殺**「**法緣**」

常行不殺、不盜、不婬，而一切眾生不惱，發菩提心者。

於空見一切法如實相，種性行中生道智心，於六親、六怨、親怨三品中，與上樂智，上怨緣中，九品得樂果。

觀一切地水是我先身，一切火風是我本體，修法緣大悲故，拔有漏分段之苦。**不著我相之緣**，修「無緣」大悲故，拔變易生死之苦。不緣假名，不緣實法，惟緣中道佛性。觀心佛眾生三無差別，無緣而無不緣也。此三緣既斷**故常行不殺**、**不盜**、**不婬**，**而一切眾生不惱**，從此**發菩提心者**。我不以殺盜婬事惱人，人亦不自惱我。互不相惱，斯即永拔苦因。

中、申明悲觀平等觀照之義，即法緣悲也。

順則為觀，逆則為怨，菩薩行無緣慈，怨親均普，故曰平等大悲。無緣慈力赴群機，明月影臨千澗水。能**於**真**空**實相理中，**見一切**根境諸**法**皆**如實相**，本無眾生煩惱，故於眾生**種性行中**，皆令發**生道**種**智心**，得平等樂**於六親**、**六怨**、**親怨三品中**，皆**與**最**上**菩薩**樂智**，乃至**上怨緣中**，**九品得**於**樂果**。

後、結承悲觀平等之義，即無緣悲也。

空現時，自身他一切眾生，平等一樂起大悲。

菩薩如上修習空空無相之體性，**空**相**現**前之**時**，得見**自身**及**他一切眾生**，悉皆**平等一樂**，而**起**無緣**大悲**。拔一切苦而與樂也，如是行悲，是名佛子悲無量心之體用觀行。

若佛子，喜心者，悅喜無生心時，種性體相道智。

三、釋喜心位

法喜充滿心，即喜無量行，別經名無違逆行。謂常修善法，上不違如來法性理體，下不違眾生法身慧命，謙下恭敬故，又名無瞋恨行。前已行無緣慈，興悲智道，怨親等觀，平等一樂，今更得增悅喜無生，使諸眾生入佛家法中，自當歡喜，入佛正位，捨諸邪見，背六道苦故喜，前之喜以有受而化，此之喜以無生心道智，空空不著我所故深。又前發趣中是隨喜方便，此是無量三昧。文分二。

初、正明喜無量心體用觀行之義。

若佛子，**喜心者**，**悅**暢適**喜**歡欣，發歡喜心，做歡喜事，以**無生心時**，此喜非凡夫七情之喜，以從無相處生，生即無生，無相可得，故云無生心也。又發無生心，做無生事，無生理與無生智合一之時，觀見如是五蘊十八界，依正**種**子**性**分本**體相**狀，都歸於中**道**觀**智**。

空空喜心，不著我所，出沒三世，因果無集。一切有入空觀行成，等喜一切眾生，起空入道。捨惡知識，求善知識，示我好道，使諸眾生，入佛法家法中。

常起歡喜，入佛位

十法界所依止處，悉皆**空空**如實相無相，**喜心**謂此菩薩以悅喜無生心，發生一切智慧觀察，分別十界依正種性體相，皆如實相，即從如是種性體相理中，發起道智，說法利生，如是道智無能無所，心境空寂，空空喜心，**不著我所**示同凡夫，不同凡夫**出沒三世**和光混俗，如太陽菩薩一樣，上山下山，終無休息，**因果無集**不從業牽。於**一切**二十五**有**所作為法，隨處令其**入**無相真**空觀**，**行成**此觀行成就，皆以平**等喜**與**一切眾生**，**起**真**空**智，不同二乘沉空，趣**入**佛**道**。**捨惡知識**，**求善知識**，**示我好道**，**使諸眾生**，**入佛法家法中**。此位別經名無違逆行者，上不違如來法性理體，下不違眾生法身慧命，上奉佛道，下度眾生，不違逆如來設教宗旨。

後、結成喜觀之義，先結自利。

常起歡喜，**入佛位中**，後結利他，**復令是諸眾生**，**入正**

中，復令是諸眾生，入正信、捨邪見、背六道苦，故喜。

信、捨邪見、背六道苦，故喜。此喜所以稱無量也。

若佛子，捨心者，常生捨心。無造、無相、空法中，如虛空。於善惡有見無見、罪福二中，平等一照。非人非我所心，而自他體

四、釋捨心位

即捨無量行，別經名無屈撓行，謂行大精進行，能令一切得至究竟涅槃故。前捨是捨凡夫心，此捨是菩薩無相平等大捨，大捨無量行也。前發趣中，如假會觀現前，緣生無性中道捨矣，猶是自己分中事，今則兩頭三處坐斷，非人非我所心，而自他體性不可得為大捨，自己既大捨已，則身肉、男女、我所及心，並捨俱捨，故下第五中能施與他。分三。

初、正明捨無量心體用觀行。

若佛子，捨心者，常生不計時間，**捨心**無分別、無執著，其心平等名之為捨。普令眾生皆得大捨無量大樂。**無**能**造**即無作、**無**所**相**、**空**，三解脫門**法中**，觀一一法**如虛空**，不拒諸象發揮。**於善惡**二業**有見無見**、**罪福二**報**中**，皆**平等一照**。了然無二，不違實相，知其體性，本不可得，「**非人**」，不見有人；「**非我**」，

性不可得，為大捨。

及自身肉手足，男女國城，如幻如化，水流燈燄，一切捨，

而無生心，常修其捨。

不見有我「**所**」、不見我所「**心**」，內外執情當下頓空，**而自他體性**，皆如虛空**不可得**，**為大捨**。上明離一切分別故為大捨，即「人空」也；下明離一切執著名一切捨，即「法空」也。

中、申明捨無量心體用。

及自身肉手足，**男女國城**，**如幻如化**，喻內外財物不可得。**水流**新新不住，**燈燄**念念生滅，喻自他體性不可得。**一切捨**，以上法空。

後、總結佛子無相捨心，以顯三觀圓修之義。

而無生心，乃無造無相，無生無滅實相心也，即空觀義，**常修其捨**。謂此佛子雖然了知自他體性俱不可得，亦不同二乘不起方便說法度生。正乃即此無相心中，常生方便修行捨心，攝受有情，即假觀義。二觀不立即中道義，所謂應無所住，而生其心。

若佛子，施心者，能以施心被一切眾生，身施、口施、意施、財施、法施，教導一切眾生。

內身、外身、國城、男女、田宅，

五、釋施心位

即布施攝，別經名無癡亂行（即有智慧）謂不為無明所失亂故。前發趣中施度，以到彼岸為義，此中施攝以化眾生為旨，故文云被一切眾生也。

初、正明施心所攝體用觀行之義。

若佛子，施心者，能以施心上能被之教，下所被之機**被一切眾生**。菩薩所有身口意業無不攝取眾生，而攝取之方，不外財法二施。**身施**、**口施**、**意施**，三業為「能施」。無瞋恨，無嫉妬，一團和氣**財施**、**法施**，財法為「所施」。**教導一切眾生**使其解脫，然雖行施，而無施相。

中、中明施心所攝體用之義。

以觀**內身**、**外身**、**國城**、**男女**、**田宅**，當體全空**皆如如相**，皆真如相，實無有法可施。**乃至無念**心境空，**財物**所施之物空，皆如如相，乃至無念財物、受者、施者。

亦內亦外，無合無散。無心行化，達理達施，

一切相現在行。

受者受施之人空，**施者**能施之我空，如此了達三輪體空。（一）能施人：我雖能施，反觀我心了不可得。（二）能受人：人雖能受，觀彼受心亦不可得。（三）中間物：世間諸物皆從因緣和合妄成，悉歸磨滅，無實體故。空無邊際，功德稱性，亦無邊際。

亦無**內**之身命，**亦**無**外**之財物，**無合**以緣生如幻故，無有合相。**無散**緣滅如幻，無有散相。**無心行化**，以施受內外合散之間，實無施心可起，無施行可作，無眾生可化。不妨終日度生，無生可度，終日說法，無法可說，故云無心行化。上明空觀，下明假觀。深**達**施**理**，深**達施**法，因人而用，求財施財、求法施法，二皆不謬。

後、總結明三觀圓修之義。

一切相現在行。所以終明行施，而無一念行施之相。以達如如理，亦達如如施。故雖現在行一切施，而無一念著施之心，如是

才是佛子施心體用，攝受眾生之觀行也。

若佛子，好語心者，入體性愛語三昧，第一義諦法語義語。

六、釋好語心位

即愛語攝，別經名善現行，謂生生常於佛國土中生故，又善於說法而行菩薩道。上來廣四無量心，普被三有之窮厄，既得離苦施安，今則好語調和，示歸第一義諦。如來有五語：一真語，二實語，三如語，四不誑語，五不異語。今文具三以該中二。如是五語為因，常感如來果舌之相。《彌陀經》云「出廣長舌相，遍覆三千大千世界，說誠實語」是也。

初、正明愛語心所攝體用觀行。

以說法度生，自非悟入體性不可。**若佛子，好語心者，入體性愛語三昧**，正定所生故，揀非凡小情見偏執之語，惟入此體性三昧，了知一切法性皆不可說，有因緣故亦可得說。其所說法，善逗群機，能使眾生愛樂歡喜，故名體性愛語三昧也。既從體性三昧中流出，即是**第一義諦**真語，**法語**義依大乘中道了義之談，不將

一切實語者，皆順一語，

調和一切眾生心，無瞋無諍。一切法，空智無緣，常生愛心。行順佛意，亦順一切他人。

不了**義語**為眾生說。

是故**一切實語者**，即實語不誑語，**皆順**第**一**義**語**，即如語、不異語。第一義語者，隨自意語，隨智語也。一切實語言者，隨他意語，隨情語也。雖善巧隨情，種種權說，毫無欺誑。譬如長者，等與諸子大白牛車，終無虛妄之咎，故名一切實語言也。隨智固順一乘，隨情亦方便，漸令入實，故云皆順一語。

中、中明愛語體用之義。

以此二語故，**調和一切眾生心**，**無瞋**即心和，不吝真法故。**無諍**即言和，常隨物機故，令入無瞋（能調）無諍（能和）三昧。以菩薩了達**一切**諸**法**，皆**空智**亦**無緣**，雖無攀緣，無能緣所緣相，而常於眾生**常生**慈**愛心**。上則**行順佛意**，上合十方諸佛同一慈力，而契合真理。**亦順一切他人**，下合一切眾生同一悲仰，而契機。所謂無緣慈力赴群機，明月影臨千澗水。

以聖法語教諸眾生，常行如心發起善根。

後、結顯佛子愛語之用。

以聖法語教諸眾生，使諸眾生**常行**真**如**三昧**心**，從如心中**發起善根**。本以自調而亦調和一切眾生，如是愛語，方是佛子好語心攝受眾生，之體用觀行也。

若佛子，利益心者，利益心時，以實智體性，廣行智道，集一切明燄法門，集觀行七財，前人得利益故。受身命而入利益三昧，現一切身、一

七、釋益心位

即利行攝，別經名無著行。謂於我、我所一切皆空故，普令天上人間眾生都得利益。上以強獷眾生，菩薩度以愛語，調和瞋諍入聖法語。今以自實智力，集明燄法門，觀行七財。益以法種，均利三有，普樂於無生道也。

初、正明利益心攝體用觀行，此攝全用權智，以實智為體。

若佛子，利益心者，利益心時，以實智體性，自證之根本智，**廣行**權**智**之**道**。**集一切明燄法門**，即是種種智慧因緣，譬喻無量方便法門，所謂開方便門，示真實相。**集觀行**，即空假中之單複圓二十五輪，觀行法也。**七財**，即信、戒、聞、捨、慧、慚、愧七聖財，此中戒攝進，慧攝定，為使**前人得利益故**。

識路還家無乏中途，假**受**四大幻**身**、五陰形**命**，**而入利益三昧**，即在此三昧中，**現一切身**，覺法正受意生身；他經中初地菩

切口、一切意，而
震動大世界。

一切所為所作，他
人入法種、空種、
道種中，得益得
樂。

現形六道，無量苦

薩，方得三昧覺法正受意生身，此經七行便具，以是圓頓法門故，能現身口意之三輪也。上身業神通輪，**一切口**，口業教誡輪，**一切意**，意業記心輪。如說法時，必先以意鑑機之利鈍，**而六反震動大**千**世界**，以三昧力現三輪不思議化，故能震動大千，舉足動步無非佛事。

後、申明利益心體用之義。

一切所為所作，無非令**他人**起大乘信，**入**聖教**法種**、真**空**理**種**、金剛**道種中**，**得**大利**益**，**得**寂滅究竟**樂**。申明利益心體用者，菩薩一切所為所作，無非欲令他人發菩提心，起大乘信，修假觀，而入如來聖教法種。由法資熏，解二空理，修空觀，而入真空理種。由解空理起行，能修所修善根皆如實際，修中觀，而入金剛道種性種之中，得是法益永離苦趣。

現形六道廣應群機，**無量苦惱之事**，**不以為患**，**但以益人**

惱之事，不以為患，但益人為利。

為利。更無他求，此利行所以廣攝眾生也。

若佛子，同心者，以道性智，同空無生法中，以無我智，同生無二。

空同源境，諸法如

八、釋同心位

即同事攝，別經名難得行，謂成就難得善根故。前之利行，雖現形六道，猶為一切導首，今則異類中行，行於非道，通達佛道，善權化物，尤為不可思議。分三。

初、正明同心體用觀行之義。

若佛子，**同心者**，**以**了達菩提**道性**，利生之權**智**，契**同**真**空**，即俗即真**無生**無滅**法中**，而**以無我**之根本**智**，**同**：能同，同一切眾生無二。**生**：所同**無二**。無二之義有二：一者以物我無二相，隱同一類，種種方便，種種神通，攝受眾生，無彼此故；二者以物我無二體，生即無生，同即無同，皆同於無生空，是故同生，體無殊故，在天而天，在人而人，不知其為菩薩所化。

中、申明同心體用之義，蓋生、我皆本同於無生空理。

空同源境，一切根境皆同真境，如水之同源。**諸法如相**，實相，常生、常住、常滅，世法相續，流轉無量，而能現無量形，身色心等業，入諸六道一切事同。

空同無生、我同無物，而分身散形，故入同法三昧。

無人我同異之相。**常生**，本自無生，即無不生。**常住**，本自無住，即無不住。**常滅**，本自無滅，即無不滅。以眾生不識真常故，**世間法相續**，**流轉**三世**無量**生死無窮，**而**此菩薩**能現無量形**，**身色心等業**，應以何身得度者，即現何身，**入諸六道**，**一切**善惡**事同**，所謂同事攝也。

後、總結顯同心體用之義。

空同無生，此句結上同空無生法中，謂空無二空，唯一真空，以是無二真空故，能現一切空，其所現一切空，皆同於無生空，故云空同無生。**我同無物**，此句結上以無我智，同生無二，謂我本無我，是故物即無物，無我無物，故能物物現形，以我同無而無物也。**而分身散形**，**故入同法三昧**，此二句結上能現無量形身等文，分身散形如月印千江，雖在六道眾生分上，而無眾生相，同而不同；常在三昧正定中，用不離體，故種種示現，咸導歸於第一義諦。

若佛子，定心者，復從定心觀慧證空，心心靜緣，於我所法，識界色界中，而不動轉。

九、釋定心位

即勝定行，別經名善法行，善得定中做事之法說法授人，為成佛之軌則故。前十住之定，是不做事之定，此十行之定，是要做事之定。在塵出塵不定而定。故前定以寂滅無相為體，此則以逆順出沒而為功能。又前雖行四無量四攝法，若無定以持之，則心或散亂，便落世諦。

初、正明定心體用觀行之義。

若佛子，**定心者**，**復從定心**，謂前於欲界中所入三昧正定，今復從欲界定心而起，入上二界現身益物故也。看定者是誰，從此入觀，**觀慧**能證智，**證空**所證理，**心心**相續，從**靜**中生**緣**，不同二乘寂滅，不能觀照根身器界當體全空。菩薩是以證空而不住著空理，能於真空理中，心心靜緣，即常能遍緣一切三昧境界。**於我所法**皆悉如幻，隨於幻境，現如幻身，於**識界**四空、**色界**四禪**中**，逆順出沒，故常入百三昧、十禪支。

以一念智作是見，一切我人，若內、若外、眾生、種子，皆無合、散、集、成、起、作，而不可得。

說如幻法門，化如幻眾生，**而不**為彼所**動轉**。

逆順出沒，《華嚴》：童子身中入正定，童女身中從定出等，逆出逆沒、順出順沒，所謂逆行順行天莫測，**故常入百三昧**，三昧名有無量，略則百八，今舉百三昧者，破三界眾生百法相生見故。**十禪支**：一覺，二觀，三喜，四樂，五一心，六淨，七捨，八念，九慧，十不苦不樂。支者分義，謂由分分心心所法，成於禪定。

後、中明定心觀慧體用。

以一念，心心靜緣清淨**智作是見**，**一切我人**，**若內**根身，**若外**器界，**眾生**異熟業識，無明**種子**，**皆**因緣，**無**和**合**、無**散**、無**集**、無**成**、無**起**、無**作**，一切皆空俱如幻化，**而不可得**。所謂世界本無成住壞空，眾生本無生住異滅，如是觀者，是名菩薩定心出入體用，之觀行也。

《合註》云：「以一念相應智慧，見一切根身器界現行種子因緣和合，虛妄有生而無合，因緣別離虛妄名滅而非散，惟是妄心之所集成，名為現行；妄心之所起作，名為種子，而當體了不可得也。」蓋四禪八定，凡外亦能修習，但由未證空理故，每為禪法所用，而不能巧用禪法。既為禪法所用，則未免隨受生，是被我所法，識界色界所動轉也。識界即四空天，但有四蘊而無色蘊，故名識界。雖滅受想定，二乘亦能證得，但未達妙空，便取滅證，不復能現諸威儀。

今言逆順出沒者，起定為出，入定為沒，從滅受想定起，入非非想定，乃至從二禪起入於初禪，名逆出沒。從初禪起入二禪，乃至從非非想定起，入滅受想定，為順出沒。若次第順逆出沒，名獅子奮迅三昧。若間隔出沒，名超越三昧。乃至百大三昧，總依次第定（四禪八定及滅受想定）為本。而九次第定，又總依十禪支所成，故十禪支名為根本禪也，由四根本禪而開故。總束四禪十八支林功德，棄複存單，為十支也，亦名色界四根本禪。欲界有五受：憂受、喜受、苦受、樂受、捨受。色界無分段食，故無鼻舌二識，唯有眼、耳、身、意，四識受樂。

今十禪支是色界的受用，列表如下：

四悉壇
- 世界
- 為人
- 對治
- 第一義

悉壇
- 歡喜益
- 生善益
- 破惡益
- 入理益

初禪（離生喜樂）**五支**
- 覺支　初心在緣
- 觀支　細心分別
- 喜支　欣慶心生
- 樂支　心怡悅心
- 一心支　心與定一

二禪 定生喜樂 四支

- 內淨支
- 喜支
- 樂支
- 一心支

心無渾濁
欣心自慶
恬然靜慮，心身輕安。
澄停不動

三禪 離喜妙樂 五支

- 捨支
- 念支
- 慧支
- 樂支
- 一心支

捨二禪喜
愛念三禪之樂故名正念。
善巧解慧
受樂安快
受樂心息，寂然在定。

四禪 捨念清淨 四支

- 不苦不樂支
- 捨支
- 念支
- 一心支

內心湛然，新曰中受支。
離樂不悔
正念分明，念下地之過。
泯然凝寂，猶如清水。

束為十支

- 初禪
  - （一）尋
  - （二）伺
  - （三）喜
  - （四）樂
  - （五）定
- 二禪
  - （六）內等淨
- 三禪
  - （七）捨
  - （八）念
  - （九）正知
- 四禪
  - （十）不苦不樂

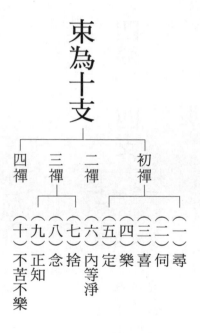

若佛子，慧心者，作慧見心，觀諸邪見結患等縛，無決定體性。順忍空同故，非陰、非界、非入、非眾生、非一我、非因果、非三世法。

十、釋慧心位

即勝慧行，別經名真實行。謂二諦非如，亦非非相故，即一真無障礙之實行。若有定無慧，則見不明了，一有慧心，則慧見了了，不為邪見所惑。前發趣中第六慧心，明於空慧心體；此明起空方便，方便不背真空也。

初、正明慧心體用觀行之義。

若佛子，慧心者，作起**慧**能觀智，**見心**即觀音照見五蘊皆空。**觀諸邪見**，利使所破之惑，**結患**鈍使，**等縛**無明愛結起諸業患，致生十使纏縛，實**無決定**昏天瞎地**體性**。若無明愛結實有體性可得，盡大地的人無有發菩提心者。以無決定體性故，菩薩能以順忍，而總攝於空同也。既證空理，觀利鈍使，皆以**順忍空同故**，非陰界入等。所以觀五陰**非五陰**、**非十八界**、**非十二入**、**非眾生**相、**非一我**相、**非因果**、**非三世法**，一切皆非，本如來藏妙

慧性起光光一燄，明明見虛無受。其

真如性，所謂真常性中，求於去來迷悟生死，了無所得。上言順忍者，謂於理於事悉能隨順，諦審忍可而無違逆。他經至七地後，修道無間順忍解脫，藏識一空，轉成無生法忍。此等諸患，於彼順忍同時寂滅，故云無決定體性，順忍空同，又順忍為五忍之一。仁王五忍：伏、信、順、無生、寂滅。

（一）伏忍：地前三賢，但能伏惑。

（二）信忍：初、二、三地，得無漏信。

（三）順忍：四、五、六地，順菩提道。

（四）無生忍：七、八、九地，了法不生。

（五）寂滅忍：十地、等、妙，惑盡理寂。

中、結慧心觀行功能，以顯不住假觀而證入中道觀也。

以從空**慧性**中發**起**慧光，**光光**智光，**一燄**慧，**明明**了了照**見**，**虛**徹靈通，**無受**——不受諸受。**其**實**慧**，益以無量**方便**權慧方便，生長養心，是心入起空空道，發無生心。

上千海明王品，已說心百法明門。

慧，**生長養**法身**心**，而此慧方便，不惟是四攝之本，亦是十長養之本。**是心**即本慧心，能證**入**發**起**人**空**、法**空**、中**道**，人空法空真理中道，於二空理亦無所住。以無住故，迴向一乘中道，入十金剛矣。**發無生心**，以不見有毫法生滅，惟發此心，普載普運，同證金剛不壞心。

後、總結。

指**上〈千海明王品〉**，**已說心百法明門**。即百八智慧門，今舉大數。菩薩將離兜率，宣說此法，留與諸天作憶念，然後下生，是初地所證化導法門也。

盧舍那佛言：千佛諦聽，汝先言金剛種子有十心。

柒、釋十向義

〈一〉總標問詞

盧舍那佛言：「千佛諦聽上誡聽，下牒問**汝先言，金剛種子有十心。」**一修習中觀，能為金剛十地而作種子，再者三十心皆是種子，惟此十心倍為堅固，故名金剛。別則一心分對一向，圓則位位具修此心，乃至妙覺究竟此心。此十心名道種性，能令眾生證入菩提道的種性。六種觀中曰向觀，普令眾生迴向法界觀。六種慧中曰修慧，修中道理，發菩提慧。

名十迴向者，迴三賢之漸次，向十聖之果地故。前則堅其法，作利益眾生之津梁。此則以利生之法堅其修，以為金剛之行，迴向菩提也。詳說十迴向者，謂前住、行菩薩以起大悲度生，必迴住、行所修功德向於三處；一者所證真如實際，二者所求無上菩提，三者所度一切眾生。以能迴之心，及所迴善行，向彼萬類，圓滿梵行，等入法界故。又云：迴事向理，迴小向大，迴因向果。以事理圓融，小大無礙，因果不二故。又云：迴真向俗，迴智向悲，以真俗互融，智悲不二故。此之二法，即上三種迴向之義。

若佛子，信心者，一切行以信為首。

〈二〉別解其義

一、信心位

即信心迴向義。別經「名救護眾生，離眾生相迴向」。謂以無相心，常行六道，而入果報，受而不受故。前堅信忍之信，從初頓消頓忘信有此事，然不能起行，行從無相而起，眾德根本，茲方行完迴向，故還歸於信，迴因向果也。信法界大理，信眾生都可成佛，信我捨此身，即得佛身。信此身外另有金剛種子。故此十向又名十金剛。金剛迴向者，一法不可得之迴向也。在十住名體用觀照，在十行名體用觀行，在十向名體用觀智。

初、正明佛子信心體用中道觀智迴向之義。

若佛子，標人，**信心者**，標法，**一切行**，從初住至妙覺，三祇圓修。**以信為首**，信為道源功德母，信真如是平等法。**眾德根**

眾德根本，不起外道邪見心，諸見名著，結有造業，必不受。

入空無為法中，三相無無，無生無生，無住住、無滅滅，無有一切法空。

世諦、第一義諦智盡。

本長養一切諸善根，以信力故，**不起**九十六種**外道**，九十二種**邪見心**，**諸見**一切世間種種妄見，皆**名**為計**著**，能**結有**漏因果，**造**諸惡**業**，**必不受**。

入於真**空無為法中**，了知生住滅**三相無無**，三相是所破之無明，無無是能破之觀智，所破既無，能破亦無也。**無生無生**：上無生，是空盡有為所證之理；下無生，即遣上能證無生重空之智。言本自無生，何假更立無生然後說名無生？無住無滅同此，**無住**無**住**，**無滅滅**。真空無為法中，生住滅相，當體皆無，亦並無無相可得。所謂生即無生，無生即生。無住而住，住即無住。無滅而滅，滅即無滅。不惟無一切法，亦無一切法空。**無**為**有**為，**一切法**皆**空**。

世諦智盡，亦無能空有為諸法之世諦智。**第一義諦智盡**，亦無能空無為諸法之真諦智。謂不但所空有為無為二諦之理不可得，滅異空、色空、細心心空。細心心心空故，信信寂滅，無體性，和合亦無依。

然主者我、人，名用，三界假我，我

即能空有為無為二諦之智亦盡無餘，所謂無智亦無得。蓋有為無為諸法本自無有，是則無法可空，故空亦不可得。此總結遣真俗二諦之理及智。

中、中明信心迴向之義。

滅異空，凡外所計異色之空，斷滅為空，無為為空。**色空**有為空，**細心**之**心**亦**空**，明所滅心蘊之法，色界空界之微細心想，二乘心空之微細心智。**細心**之**心**，其**心**亦**空故**，空上受想行識四蘊之心，方生中道，**信信**能信智、所信理，二俱**寂滅**。以**無體性**故，了知諸法不自生。無**和合**不共生故，**亦無依**因。皮既不存，毛將安附？

後、總結無相信心迴向之義。

然主者從**我**與**人**，安**名**立**用**，諸凡夫外道，皆從我與人安名立用，自作分別，為和為合，為生為滅，而成**三界假我**，和合之無得集相故，名無相信。

處，立為假我。**我無得集相故**，以為我有得相，我有集相，今所信至於無依，則了知我人等不實，豈無我中而有修證可得、智聚可集哉。是以深信深入，無得無集無我之理，是**名無相信**心體用，所當迴向者也。《金剛經》云：「凡所有相皆是虛妄，若見諸相非相，則見如來。」此無相信，所以稱金剛種子也。

前文中，滅異空、色空者，滅即能滅之智。異空、色空，即所滅之色法。因凡夫執色迷空，二乘執空迷色，故十住修空觀破凡夫，十行修假觀破二乘。今十向位以修法界平等觀智，圓照法界，異空、色空有為無為俱滅。此空色蘊——色不異空，空不異色，色即是空，空即是色也。

若佛子，念心者，作念六念，常覺乃至常施，第一義諦空。

二、念心位

別經名不壞迴向，謂觀一切諸法有受有用，念念不住故。以永久不壞之種子，迴向一切眾生，一念不壞，念念不壞。三界假我一切都不可得，此念是無念之念，凡有所念皆是虛妄。此念是金剛不壞之念，亙古亙今洞徹靈敏。無念即是光明，有念即是黑暗。

初、正明佛子念心體用中道觀智迴向之義。

上來自信自心是如如體，為眾德本，一切菩提涅槃無不從此覺心流出，於是六念現前，起不壞用，觀諦道斷成寂滅談，一合相迴向也。

若佛子，**念心者**，**作念**能念之觀慧，**六念**所念之諦境。能念無非一心三觀，所念無非一諦三境，此念是無念之念，凡有所念皆是虛妄。**常覺**念佛**乃至常施**念施，舉首尾二念。六念即：（一）念佛，心外無佛，佛即是心；（二）念法，心外無法，法即是心；

無著無解，生住滅相不動、不到去來，而於諸業受者，一合相迴向，入法界智。

（三）念僧，心外無僧，僧即覺法和合；（四）念戒，無作妙戒，究竟色相，名常戒；（五）念天，第一義天，法爾性德，名常天；（六）念施，三輪體寂，究竟大施名常施。名雖有六，實惟第一義諦。**第一義諦空**此總明三諦圓融之境，空字別明真諦。

無著無解別明俗諦。中道理中實無有念可執著者，實無有念有解脫者，**生住滅相**本元**不動**、本元**不到**，亦無過**去**未**來**，別明中諦，**而於諸**所作**業**並**受業者**，**一合相迴向**，**入十法界智**。其為念心無能無所，能所無二。無生無滅，生滅無二。無動無到，動到無二。無來無去，來去無二。無業無報，業報無二。是為一合相迴向。

《合註》云：「既所念之境，三諦一諦，不可思議，惟一合相。則於六念諸業及受用此法者，當知亦皆是法界一合相也。迴向入法界智者，若念佛時，佛為法界，一切法趣佛。乃至念施時，施為法界，一切法趣施。此總明三觀圓融之念也。」

慧慧相乘，乘乘寂滅，
啖啖無常，光光無無，生生不起，轉易空道。

變前轉後、變轉化化、化轉轉變，同時同住，啖啖一相，生滅一時。

中、申明一合相迴向入法界義。

由入法界智故，轉六念為慧。故**慧慧相乘**不見有慧相，**乘乘寂滅**不見有乘相。下二句乃智慧破惑之象。**啖啖無常**，**光光無無**，啖啖、光光，即能滅之智。無常、無無，即所滅之無明。以智慧啖，燒煩惱薪，淨盡無餘。以智慧光，照無明暗，無幽不燭。能**生**而無**生**，起而**不起**，**轉易空道**。轉即迴，易即向，轉無明易真如，轉煩惱易菩提，轉生死易涅槃。惟其轉易如此，故轉而不轉，不轉而轉。

故能**變前轉後**，即轉滅相無明為不滅相，生轉為滅，滅轉為生。**變轉化化**，即轉住相無明為無住相。**化轉轉變**，即轉生相無明為無生相。生轉為滅，滅轉為生，變轉為化，化轉為變。蓋變者化之漸，化者變之成。正所謂種現相生，變復作化，化復作變，變化無窮也。然雖如是前後轉變，其實**同時同住**，**啖啖一相**，**生滅**

已變、未變、變變，化亦得一，受亦如是。

一時。蓋四相相依而有，同一覺故。猶如燈炷，雖燄燒炷，炷生燄，而燄燄一相，生滅一時，無有前後。不云轉異相者，正是本位所破，故不言也。

後、統結生住異滅四相平等，三變無二。

已變過去生滅、**未變**未來生滅、**變變**現在生滅，三世宛然，蓋變既同時，而**化亦得一**，雖云三世迭遷，以法界智照之，實無動到去來，四相平等，所謂纔生即有滅，不為愚者說。一即一合相，化即得一，而**受**化者**亦如是**，都歸於一真無障礙真如理地。所謂生不起也，《老子》云：「天得一以清，地得一以寧。」是以如來於無量劫，廣行佛事，不出剎那際三昧。

若佛子，深心者，第一義空，於實法空智，照有實諦。業道相續，因緣中道，名為實諦。

三、深心位

又云迴向心位，以迴二諦向第一義諦故。別經名等一切諸佛迴向。謂三世佛法，一切時能行故。又前向以六念慧住第一義空，了生住滅同一如相，今於實智空照破我人主者，幻化非真，迴向菩提，深心解脫也。

初、正明深心體用中道觀智迴向之義。

若佛子，深心者，非對淺言深，以**第一義空**深不可測，迴二邊向中道，理極淵微，**於實**相**法**大**空**之**智**，**照有**俗諦、**實**真**諦**。然此真諦非離俗諦之外別有，乃即**業道**即賴耶為業相，又即身口意三業為善惡之因，致受生死之果。道即道路，謂惑、業、苦三道更互相通，從煩惱通至業，從業通至苦，苦復通至煩惱，輾轉相通，生死不絕，是為業道相續。**相續**，即末那相續相，**因**三細、**緣**六粗，於和合法中，具有不生不滅之**中道**，**名為實諦**。

假名諸法，我、人、主者，名為世諦。於此二有諦，深深入空。

而無去來，幻化受果，而無受故，深深心解脫。

又因緣中道者，即十二因緣中道之理。業從惑起，必招苦果。所謂菩提涅槃元清淨體，能生諸緣，緣所遺者。雖是所遺，不在緣外也。凡夫外道妄計**假名諸法**，**我**、**人**、**主者**，**名為世**遷流不實**諦**。菩薩**於此二有諦**，照真了真，照俗了俗，了無二法，合為一理，**深深**迴向，**入空**一真法界，第一義諦平等大空。

後、總結深心迴向之義。

而無去來，以第一義中，求於真俗去來人我等相，了不可得，**幻化受果**，受**而無受故**，以達妄真同二妄故。**深深心解脫**，聲聞修生滅四諦法，證入人空，名淺解脫。緣覺修無生四諦法，證法空理，名深解脫。菩薩以法界智，觀空假不二，真俗互融，深之又深，故云深深解脫。此無相深心，所以名金剛種也。

若佛子，達照心者，忍順一切實性，性性無縛無解。無礙法達、義達、辭達、教化達。

四、達心位

別經名至一切處迴向，以大願力入諸佛土，供養一切佛故。分二。

初、正明達照體用中道觀智迴向之義。

若佛子，達照心者，精真發明，名為達照。通達事理，照了無礙，即能證智**忍**可，隨**順一切**。諸法之性，皆即**實性**，即此一切法**性**之**性**本自如如，**無縛**無生死，**無解**無涅槃。《維摩經》云：「一切眾生皆即涅槃，本來自滅。」以是情與無情一體無差，本來清淨。**無礙**「**法達**」能知種種法相，「**義達**」能知所詮義趣，「**辭達**」能知一切名句文身，「**教化達**」能作種種樂說，即四無礙智，又名四無礙辯。

（一）法無礙智：通達世出世間一切諸法，名字差別，分別演說無礙。

三世因果，眾生根行，如如、不合、不散。無實用、無用、無名用，用用一切空。空空照達空，名為通達一切法空。

空空如如，相不可

（二）義無礙智：能知一切諸法名字義趣妙理，隨順宣揚無滯。

（三）辭無礙智：能於諸法名字義理隨順一切眾生根性，殊方異語，為其演說令各得解。

（四）樂說無礙智：能隨順眾生根性，所樂聞法而為說之。

先釋法達**三世因果**，次釋辭達及教化達**眾生根行**。一切諸法，皆**如如**故，本無三世因果，**不合**不見有和合相，即無生。**不散**不見有離散相，即無滅，當體本空故。**無實用**，既**無實用**，則**無**有**名用**，**用用**名實二用**一切空**，皆是假立，各無自性，各無自相，本自如如。**空空照達空**，所照諸法既空，能照觀智亦空，**名為通達一切法空**。

後、總結無相照達迴向之義。

空空即法界理，**如如**即法界智，**相不可得**。以是如如理如如

得。

智之道，離諸名字、言説、心緣相等，此無相達心，所以為金剛種也。

若佛子，直心者，直照取緣神我，入無生智，無明神我空，空中空，空空理心。

在有在無，而不壞道種子。

五、直心位

別經名無盡功德藏迴向，菩薩恆以常住大法，授與前人故。上已照達順忍，今則直入空理，住無漏道種，教化眾生，入薩婆若，行直性直行故也，正念真如。

初、正明直心體用中道觀智迴向之義。

若佛子，**直心者**，以智燈正念真如，**直照**直破，能**取**能**緣**之**神我**六識，以二乘不知有七八識，離分別我法二執，以法界智觀察無明煩惱，體性本空，**入無生智**。**無明神我**，即七識俱生所執自內之我，此由無明熏習所起故**空**，而空神我之空亦空，**空中之空**雙遮，**空空**雙照，**理心**釋照體不空之義。

謂上無明之空即空有也，空中之空即空無也，是空猶被有無可壞。破有無二見，**在有**破有，**在無**破無，不滯有、不為有壞，不沉無、不為無壞，而不壞中道，即是雙照**而不壞**金剛**道種子**。

無漏中道一觀，而教化一切十方眾生，轉一切眾生，皆入薩婆若空直，直性直行。於空三界生者，結縛而不受。

後、申明直心體用之功，結顯中道觀智。

無漏中道平等**一觀**，所以在有轉有，在無轉無。**而教化一切十方**，執有執無**眾生**。**轉一切眾生**，**皆入薩婆若**平等大空，一切智智**空**正**直**之道，即以空**直性直行**。故《起信論》云：「直心者，正念真如法故。」由正念真如故，能現生三界，處結縛而不受結縛，菩薩示現**於空三界生者**，應緣而來，緣盡而去，**結縛而不受**，不與法縛，不求法脫，不厭生死，不愛涅槃。

薩婆若，此云一切智智，三智一心中得，名一切智智，即究竟果覺也。由達無明神我本空，而證中道一實之理故，內秉直性，外行直行，內外一如，則於空花幻夢之三界，所有生者結縛，雖隨意遊戲出沒，不而受其顛倒矣。

若佛子，不退心者，不入一切凡夫

六、不退心位

別經名入一切平等善根迴向，謂行無漏善善，而不二故，由於三不退智而成。不退有三：

（一）位不退，謂此菩薩寶位，不同聲聞之位，住著解脫涅槃，故云不住解脫。揀二乘不能入三界業。

（二）行不退，謂菩薩行不同四諦還滅之行，有住有退，此達根本菩提真如實際，智理一如，無二之行，故得行不退也。

（三）念不退，謂此菩薩之念，不同念空無相無作，有念無念，分別取捨。此以空生觀智，照了諸法，皆如如相，是故無念而念，念而無念，以無念境，是名念不退也。

初、明三不退。

若佛子，不退心者，直行於空，**不入一切凡夫地**，是位不退果。亦**不**更**起新長養**外道**諸見**，是位不退因。新長養者，行人

地，不起新長養諸見，

亦復不起集因，相似我人，入三界業亦行空，而不住退解脫。於第一中道，一合行，故行不退。

本際無二故，而不念退。空生觀智如如，相續乘乘，心入不二。

常空生心，一道一

已伏故惑而入禪那，若於禪那中不善觀察，發起愛見宿習，名之為「新」，今善修不退心故，故惑消滅，新惑不生，見愛二習皆悉寂滅，雖示現入三界業，亦常行於空理，故得證位不退。

亦復不起集因，因窮果喪**相似我人**，但以慈悲現生**入三界業**，實非業繫，**亦行空**，知眾生生死遷流之行本空，不為行苦所遷，故雖墮凡夫，**而不住退解脫**。**於第一**義諦**中道**，**一合行**，**故行不退**。

本際智理一如**無二故**，以達生死本際即解脫本際，**而不念退**。何以故？以**空生觀智**照了諸法，皆當體**如如**。**相續乘乘**，行念不退毫無間斷，故能乘此大乘之心，**心入不二**無二一本際。《華嚴》云：「心不稱量諸二法，但恆了達法無二，諸法若二若不二，於中畢竟無所著」，是則入不二法門也。

常空生心，釋上「相續乘乘」我空之義，不見一法即如來，淨，為不退一道一照。

是則名為觀自在，一坐十小劫猶如飯食頃。**一道**即中觀，**一淨**即空觀，是以空而不空，釋上心入不二法空之義。**為不退**現居生死，而實不退凡夫地。**一道**中觀**一照**假觀，是以二邊不住，中道不立，直趣無餘大涅槃果海。

此位《直解》與《合註》圈點不同，句讀各異，茲再附《合註》解：

（一）示現入三界業，亦常行於空理，故得證位不退。

（二）所證解脫乃於第一中道一合而行，不同二乘解脫，故行不退。

（三）了知生死本際即涅槃本際，煩惱本際即菩提本際，更無二際，念念恆與薩婆若智相應，而念不退。

此三不退，理趣甚深，良由三智所證：空生觀智如如，即是位不退智；相續乘於大乘，即是行不退智；心入不二本際，即是念不退智。如是三智一心中修，名為常生空心，即是無住生心之義。善契心體，名為一道，不染二邊，名為一淨，是為不退一道一照，乃理智一如之極致也。

	別教	圓教
位不退	七住	初信
行不退	十向	十信
念不退	初地	初住

若佛子，獨大乘心者，解解一空故，一切行心，名一乘。

乘一空智，智乘行乘。

七、大乘心位

別經名等隨順一切眾生迴向，謂觀一切善惡無二相故。以不退一道一照雙照法輪，不獨小乘為度苦海之偏乘，正以獨超大乘之心，任載一切眾生出生死河。惟一佛乘，無二無三。

若佛子，**獨大乘心者**，大乘而曰獨者，以空種種知解，則大乘之心迥然獨露，所謂體露真常不拘文字。又獨大乘者，獨大無外也。大即當體立名，就義為稱。乘乃運載為功，廣博為義。揀非二乘，亦非住、行位乘，乃迴向終心，中道大乘也。自乘佛道，轉化一切皆令成佛，故名獨大乘心。**解**一乘能解智，**解**菩薩所解理**一空故**，究竟皆歸第一義空。即此平等理智，而起**一切行**。一切**心**即法界心，總是一行三昧，皆**名一乘**。

乘一乘之**空智**，以**智乘**行，以**行乘**理，此二句釋智、行雙運之義。謂乘一乘之空智故，而顯乘一乘之空理也。以一乘空理故，乘智心心，任載任用。任載，任一切眾生，度三界河、結縛河、生滅河。行者坐乘，任用載用，智乘趣入佛海故。

一切眾生，未得空智任用，不名為大乘，但名乘，得度苦海。

而起一乘空行。由一乘空行故，而運一乘空理。若非一乘空智，不能破眾生堅固之迷。非一乘空行，不能成眾生真實之德。是故智起惑亡，行興道成。以是智行雙乘，廣化眾生，如鳥二翼，一舉萬里，目足相資，直抵中堂。

乘大乘空**智**，故能**心心**大乘，**任**意運**載**，**任**意運**用**。**任載**者，**任一切眾生**，**度**凡夫**三界河**、外道**結縛河**、二乘**生滅河**，二乘生滅知見未亡。**行者**任用的人，**坐乘**常坐是乘，而行濟度。不居此彼二岸，不住中流，皆用智乘，令悉得成佛。**任用**能**載用**，皆空以一**智乘**，**趣入佛海故**。

下結顯獨大乘心之義，揀別小乘。**一切眾生**，**未得**一乘**空智**，任載**任用**，**不名為大乘**，**但名**為**乘**，**得度苦海**。安住化城自善而已，所以菩薩不與權小人同，故名獨大乘也。

若佛子，無相心者，妄想、解脫，照般若波羅蜜無二，一切結業、三世法，如如一諦。而行於無生空，自知得成佛，一切佛是我等師，一切賢聖是我同學，皆同無生空故，名無相心。

八、無相心位

別經名真如相迴向，心得自在，等三世佛，常照有無故。上來發大乘心，已得智用雙彰，今證純真般若波羅蜜岸，到不動住，加功用行現前自知，得佛果故。

若佛子，無相心者，無生死相，無涅槃相，無煩惱相，無菩提相，無十界差別相，無十界平等相，所以若**妄想**生死、若**解脫**涅槃，菩薩**照般若波羅蜜**，實**無二**法，**一切結業**法、**三世**因果等，**法**皆即**如如**，第**一**義**諦**無二理也。

以不住彼此二岸故，**而**常**行於無生空**，即無依靠之中道，第一義諦無生空理、無生空智，理智契合而無所生也。以行無生空故，**自知得成佛**，亦知**一切**諸**佛是我等師**。**一切**三**賢**十**聖是我同學**，**皆同無生空故**，賢聖修此，諸佛證此。

下一句結顯**名無相心**。

《佛藏經》云：「釋迦如來因地，從過去久遠劫時，而以四事供養無量無邊，一切諸佛及佛弟子無空過者，而此諸佛皆不記我，以我有所得故。乃至最後供養普明如來，方始與我授記，汝於來世當得作佛，號釋迦牟尼。何以故？以我無所得故。無所得者，即常行於無生空。無生空者，即無相心也。」

若佛子，如如慧心者，無量法界，無集無受生。生生煩惱而不縛。

九、如慧心位

別經名無縛無著解脱相迴向，以般若照三世諸法，是一合相故。上以心心無相，故今其慧如如。前發趣中慧，雖明知體名心，而入空義強，故標空慧。長養中慧，雖亦發無生心，而出假義強，故云作慧見心。今則正顯契合中道之慧，故云如如慧也。此慧不落凡情，不著聖解。故文中達無量法界，無有集者，亦無有受生者，生生不停之煩惱，而實不縛。

若佛子，如如慧心者，三世諸佛不動之真如大智慧，故一得一切得，一證一切證。此慧在生死海中，如如不動，即真如之理慧。謂此菩薩將親見真如之道，真如相現前，其智慧心中，明了十法界依正等法，互攝圓融，自在無礙，所謂真得所如，十方無礙。所以得此如如慧者，能於**無量**十**法界**現身益物，**無集**生死之因，**無受**生死之果，無**生**。雖**生生**而現**煩惱而不縛**。以上不落凡情，一切法門、一切賢所行道、一切聖所觀法，所有亦如是。一切佛教化方便法，我皆集在心中。

外道一切論、邪定功用幻化，魔說、佛說，皆分別入二諦處。

非一非二，非有陰界入。是慧光明，光明照性，入一切法。

下文不落聖解。

一切法門、**一切**三**賢所行**菩提**道**、**一切**十**聖所觀法**真如無相，**所有**法門**亦如是**，不著不縛。以無縛著故，即能於**一切佛教化方便法**，**我皆集在**如如慧**心**之**中**。

豈但諸佛法門融通無二，即**外道一切論**、一切**邪定功用**種種**幻化**，若**魔說**、若**佛說**，**皆**屬**分別**，悉**入**二**諦處**，謂佛法是真諦，魔外是俗諦。又魔佛差別是俗諦，魔佛一如是真諦，皆不出如如慧。

非一非二，以如如慧非魔非佛，不與魔佛一，不與魔佛異故，真不違俗故非一，俗不違真故非二，一法不可得故。又非一者，魔說非佛說，佛說非魔說。非二者，魔說實非魔說，佛說實非佛說，是故魔說、佛說實無二法。**非有陰界入**，魔說、佛說、非一、非二，何有陰界入耶？所以觀五陰非五陰，觀十八界非十八界，觀十二入非十二入。問既是諸法一切皆非，是何境界？唯**是**清淨本然大智**慧光明**境界，即此**光明**遍**照**法界**性**，**入一切法**。於本法界無二無別故，如是智慧，如是觀照，是名佛子如如慧心迴向。

若佛子，不壞心

十、不壞心位

別經名入法界無量迴向，謂覺一切法中道無相故。上來以如如慧入魔入佛已，故其心不壞，以上三十心，心心不壞，而堅入聖地。十金剛心，皆以不壞為義，此居最後，以結賢位，獨膺不壞之名。此心乃是能入聖地之智，已近解脫之位，得中道之正門也。文中明三德、三菩提。

入聖地智	般若德	實智菩提	了因慧心	明菩提心（上合註釋）
近解脫位	解脫德	方便菩提	緣因善心	
得道正門	法身德	真性菩提	正因理心	

若佛子，不壞心者，其義有五：

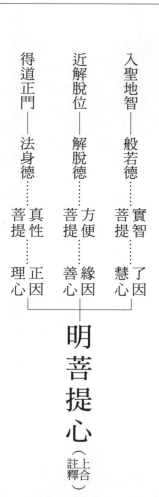

者，入聖地智，
近解脫位，
得道正門，
明菩提心，
伏忍順空，八魔不
壞。

（一）**入聖地智**：十向終心登初地智。

（二）**近解脫位**：將解脫分別二障。

（三）**得道正門**：得正修門路，若到此門，一超直入如來地。

（四）**明菩提心**：《華嚴》云：縱修萬行，不發菩提心，譬如耕田不下種子，既無其芽何處求實？

《智論》明菩提有五種：十信，名發菩提。住、行、向，名伏菩提，謂折伏煩惱，降伏其心故。初地至七地，為明菩提心，得見諸法本末實相，清淨明了。八、九、十地，名出到菩提心，得無生法忍，出離三界，到薩婆若海故。等、妙，名證無上菩提，破無明坐道場，成就阿耨多羅三藐三菩提故。今當五種中之第三，明菩提心，明三菩提證三德故。

（五）**伏忍順空**：三賢行滿，居伏忍頂，降伏其心，忍順一切眾生。順於第一義空之理，不住生死，故界內：陰魔、煩惱魔、眾聖摩頂，諸佛勸發，入摩頂三昧，放身光，光照十方佛土。入佛威神，出沒自在，動大千界，與平等地心，無二無別，而非中觀知道。以三昧力故，光中見佛無量國土，現為說法。

爾時即得頂三昧，登虛空平等地，總持法門，聖行滿足。

死魔，所不能壞。不住涅槃，故界外：苦、無常、無我、不淨。**八魔**，所**不**能**壞**。（《大般涅槃經》云：八魔者，所謂四魔、無常、無樂、無我、無淨。）

故感**眾聖摩頂**，安慰其心。《華嚴》〈十迴向品〉十方諸佛各以右手，摩金剛幢頂加被，為說法主。**諸佛勸發**增進其行，**入摩頂三昧**，**放身光**，**光照十方佛土**。即能**入佛威神**，於十方國土中**出**，或顯**沒**，或隱**自在**，**動大千界**。**與平等地心**，初地證平等智**無二無別**，**而**尚**非**初地實證第一義諦**中觀**，所**知**之**道**是何力耶。**以**摩頂**三昧**定水加被**力故**，能於自身**光中**得**見**十方諸**佛**，遍滿**無量國土**，**現為說法**。

爾時即得證入摩**頂三昧**入初聖地，**登虛空平等地**，**總持法門**，總一切法，持一切義，知一切法，即心自性。地名持，即持一切百萬阿僧祇功德智慧故，所以證此地者，一切如來**聖行**功德**滿**

心心行空，空空慧中道，無相照故。一切相滅，得金剛三昧門，入一切行門，入虛空平等地。如佛華經中廣說。

足。

然菩薩所以能捨凡入聖者，良由住、行、向三十**心**，心心分別我、法二執之**心行**悉**空**，心心皆行於空理。以此人**空**、法**空**之**慧中道**，即能證二空之智，以是如理如智，不即不離，不一不二，所謂二諦融通三昧印，**無相**理智**照故**。**一切**異生性障等**相滅**，乃能**得**入是**金剛三昧門**，**入一切行門**，**入虛空平等地**。登地者，即登法界之地盤，此法界中之地盤，自此有份了。別對法界無量迴向者，性德圓成，法界量滅，是真不壞義故。**如**《**佛華經**》**中廣說**。此一句結指。

第三篇

地行十聖

盧舍那佛言：千佛諦聽，汝先問地者有何義？

捌、釋十地義

〈一〉總標問詞

盧舍那佛言：「千佛諦聽，汝先問，地者有何義？」即問何等是地上菩薩之事、之理、之行。上荷佛法，下度眾生，功德智慧之所歸趣，慈悲巧便之所生，故名為地。別則平等慧即歡喜地，乃至入佛界即法雲地。圓則歡喜乃至法雲十地，地地皆悉具平等義、具善慧義、具光明義、具爾燄義、具慧照義、具華光義、具滿足義、具佛吼義、具華嚴義、具佛界義。又理即平等乃至究竟平等，理即佛界乃至究竟佛界，中間例知。（天台圓教「六即佛」平等）今就義便，且約分證法身為解。至於一地一切地，一切地一地，行布圓融，雙照無礙，入斯地者，當自知之。

十地，正覺性：此菩薩已得無上正等正覺之佛性。地觀：塵塵剎剎的地盤，都在此菩薩一觀之中。無相慧：此菩薩已證虛空光體性，寂滅現前。德堅：萬德圓融分證如來三德祕密藏。正忍：常住法身，無黨無偏。十地斷十種障、證十真如，每一地有三心，至文再講。

〈二〉別解其義

一、體性平等地

真如體性，生佛平等。不平等者，前在六道中，忽而人，忽而畜，高下不平等，就同類人中貧富階級。今離此故，名平等地。別經名歡喜地，菩薩智同佛智，理齊佛理，徹見大道，盡佛境界，而得法喜於初地，故名歡喜地。

先明斷證義。

斷十種障、證十真如者，初地斷一種異生性障，此障乃從凡夫分別我執現行所起故名；即各種異生動物，三惡道之種性障礙。並斷二愚，(一)執著我法愚，(二)惡趣雜染愚，今二空觀現前，便能永斷。愚障既斷，能益自他，生大歡喜，故名「歡喜地」。

其所證者，名曰遍行真如，以能遍行染淨法故。位寄轉輪聖王，廣修慈悲等法，而化導眾生。十波羅蜜中，檀（施）為最勝，餘非不修，但隨力隨分。又斷證者，斷煩惱、證菩提，斷惑障、證真如；即見思惑已斷，生死之軀殼永離也。小乘證涅槃，尚不用軀殼，況此登地之大菩薩乎？此後無明分分斷，法身分分證。

分別二障極喜無：分別者，粗煩惱，即能分別之第六識；二障者，我執、法執二障，此登地菩薩斷此障執，六識三毒已除，故曰極喜無也。

俱生二執地地除：俱生者，第七識與我同生同死，故名「俱生我執、俱生法執」。自初地至七地，除俱生我執，八、九、十地，除盡俱生法執，即成佛道。

每地有三心：初、加行心；中、無間心；後、解脫心。

次正釋文義。

若佛子，菩提薩埵，入平等慧體性地，真實法化，一切行華光滿足，

四天果乘用、任化無方，理化神通。

十力、十號、十八不共法，住佛淨土。無量大願，辯才無畏，一切論、

初、加行心。

初三句標名德位，以明勝進心義。**若佛子**，**菩提薩埵**，證**入**心、佛、眾生**平等**佛**慧體性地**。前標名中，稱體性平等地者，乃是依理立位，亦顯全性起修。今此名為入平等慧體性地者，乃是攝用歸體，亦顯全修在性也。次標所證之法，**真實法化**而轉眾生成正覺故，**一切行華光滿足**。

四天果，第四天而成佛果，指欲界第四兜率天，如千百億釋迦等，或指第四禪色究竟天，如千釋迦等。**乘用**作轉輪聖王，以法化世，諸所作業不離念佛、念法、念僧，一日一夜遊四天下，**任**意**化**生，**無**有**方**所，**理**無不**化**，**神**無不**通**，理性所起，分得如來。

十力折伏驕慢，使令信受**十號**、**十八不共法**。**住佛**實報**淨土**、他受用土，分證常寂光土。廣發**無量大願**；四無礙**辯才**，四**無所畏**，一切智、漏盡、說障道、說苦盡；四明、五明**一切論**；

一切行，我皆得入。

生出佛家，坐佛性地，一切障礙、凡夫因果，畢竟不受，大樂歡喜。

從一佛土入無量佛土，從一劫入無量劫，

一切行，十度、萬行、十地等妙之行，此初地菩薩已得中道應本，故皆能示現。舉凡大願、辨才、佛地功德，**我皆得入**。

中、**無間心**。

以猛利行承事諸佛，十方化導無間歇，故**生出佛家**。由上得聖智，入聖位，證聖理，成聖行，是故生出佛家，謂在佛家中而出生也。如摩耶夫人，凡有諸佛出世，則為其母。**坐佛**平等**性地**，**一切障礙**、**凡夫**有漏**因果**，**畢竟不受**，分別二障極喜無，**大樂歡喜**故名「歡喜地」。

從一佛土入無量佛土，知剎土平等無性，一即無量，故能橫遍十方，塵塵混入，剎剎圓融，一處出生，十方齊現。**從一劫入無量劫**，無量即一，故能豎窮三世，時劫圓融也。以短時為長時，長時為短時，如《法華》佛一坐六十小劫，復以六十小劫如彈指頃，即世圓融也。

不可說法為可說法，反照見一切法、逆順見一切法，常入二諦而在第一義中：

以一智知十地次第，一一事示眾生，而常心心中道；

以一智知一切佛土殊品，及佛所說

不可說法為可說法，法圓融也。此明說法圓融無礙，以真如之法，本無言說，本無名相，但隨眾生機宜，巧設方便，而於無名相法，以名相說，無語言法，以語言說故。**反照見一切法**，知一切法不出自心。**逆順見一切法**，逆見一切法，知一切善法，逆無明而有；順見一切法，知一切惡法，順無明而起。**常入二諦**，常照真諦而不沉空，常照俗諦而不滯有，不住二邊，二諦圓融，**而在第一義中**了知即事即理，常行中道而起六種妙智：

（一）**以一智知十地次第**，大經云：菩薩住於初地，應從諸佛菩薩所，推求請問於此地中相及得果。為欲成就此地法，亦應推求請問二地、三地乃至十地相及得果，無有厭足。**一一事**斷障證真**示眾生**，**而常心心中道**，差別即無差別。

（二）**以一智知一切佛土殊**差別**品**，**及佛**隨機**所說**，差別即無差別**法**，**而身心不變**。

法，而身心不變；以一智知十二因緣、十惡種性，而常住善道；以一切智，見有無二相；以一智知入十禪支行、三十七道，而現一切色身六道；以一切智知十方色色，分分了起，入受色報，而心心無縛。光光照一切，是故無生信忍空慧，常現在前。

（三）**以一智知**順逆**十二因緣**，**十惡**深達性惡，即是性善**種性**，**而常住善道**。

（四）**以一切智**，一智即如理智，一切智即如量智，一智照真，一切知照俗，雙照**見有無二相**，悉皆平等。

（五）**以一智知入**四禪、**十禪支**觀**行**、**三十七道**，**而現一切色身**入於**六道**，雖行出世道而不住涅槃故，使未種善根者令種，已種善根者令其增長。

（六）**以一切智知十方**法界內**色**、外**色**，**分分**幻化，**了**滅生**起**，**入受色報**緣起差別，開示眾生**而心心無縛**。

後、解脫心。

以無住行，圓滿菩提，歸無所得，而解脫故。結當地功德，以明解脫心。**光光**，如上六種智光，**照一切**世出世間，當體皆是如如，**是故無生信**法界大理**忍**、**空慧**法界大智，**常現在前**，證念不從一地、二地，乃至佛界，其中間一切法門，一時而行故。略出平等地，功德海藏行願，如海一滴，毛頭許事。

退位，入於無功用道故。

從一地、二地，乃至佛界，其中間一切法門，一時而能盡**行故**，一行一切行。**略出平等地，功德海藏行願**廣大如法性，究竟如虛空，無有窮盡。今不過**如海**之**一滴，毛頭許事**。

二、體性善慧地

別經名「離垢地」，因中持戒，梵行清白，體離垢染故。「善慧」約說法之智，「離垢」約所斷之障。垢是所離，慧是能離。垢是所治，善是能治。以善慧而離垢穢，垢離故，善根清淨；慧朗故，善根明達。分二。

先明斷證義。

此地斷一種邪行障，即所知障中，俱生一分法執，誤犯三業所起，故名之也。斷二種愚：（一）微細誤犯愚；（二）種種業趣愚。此之三法，能障二地，斷此愚障，方登二地。得增上尸羅波羅蜜，性戒具足，遠離誤犯，愚障既斷，故名「離垢地」。

證「最勝真如」，此真如性，具無邊德，於一切法最為殊勝故。位寄忉利天王，修十善法，化導眾生。文具加行、無間、解脫三心。

若佛子，菩提薩埵，善慧體性地，清淨明達一切善根，所謂慈、悲、喜、捨、慧。一切功德本，從觀入大空慧。

方便道智中，見諸眾生，無非苦諦，皆有識心。三惡道、刀、杖、一切苦惱，緣中生識，名為苦諦。

次正釋文義，有三心。

初、加行心。

若佛子，菩提薩埵善慧體性地，善修清淨法身，平等大慧。**清淨**離垢義，**明達**善慧義。又清淨是所證法身理，明達是能證菩提智。**一切善根**，正明所證所得體用。何等善根耶？**所謂慈**、**悲**、**喜**不倦、**捨**不著、**慧**鑑機五觀。**一切**六度、四攝、三身、四智等，恆沙**功德**之**本**，**從**五**觀**得**入**甚深無相**大空慧**般若智體。

依體所起**方便道智中**，**見諸**二十五有**眾生**，迷本大空慧體，妄認緣心**無非苦諦**，推其苦因，**皆有**六**識心**。前五識心，為第六明了門，第六識心，為前五分別依。前五若不照境，第六即無所緣；第六若不續念，前五唯是現量，八識俱得解脫。是故前五根、塵、識三，總為行苦緣也。**三惡道**、**刀杖**，**一切苦惱**，從苦惱**緣中**，復**生**種種情**識**，受諸苦惱，**名為苦諦**。

三苦相者，如者，如身初覺，從刀杖、身色陰，二緣中生覺，為行苦緣；

次意地覺，緣身覺所緣，得刀杖，及身瘡腫等法，故覺苦、苦緣，重故苦苦；

次受、行覺二心，緣向身色陰，壞瘡中生苦覺故，名為壞苦緣。是以三覺次第生三心故，為

其苦無量，總三苦攝。「三苦」**相者**：

（一）行苦，前五識。**如者**，指定之詞。**如**，譬如夢**身**根**初覺**。如者，指定目前易見之事，「如」是譬如，「者」是個人。下文意云：從身根之內識，因刀杖之外境，內外二緣中，生一種苦覺。**從**外**刀杖**境、**身**根**色陰**，根境**二緣中**，觸令**生覺**。此覺未別苦樂，只有隨念，而無計度，**為行苦緣**。

（二）苦苦，第六識。**次意地覺**，同時意識**緣身**，前五**覺所緣**五塵影子，**得**外**刀杖**加身，**及**內**身**受刀杖、**瘡腫等法**，**故覺**外**苦**、內**苦緣**，**重故**，苦中加苦**苦苦**。

（三）壞苦。**次受**、**行覺二心**：受苦覺，及行苦覺。二心，即受苦苦覺，及行苦覺二種心緣。**緣向身**瘡**色陰**，將欲**壞**時，**瘡中生苦覺故**，**名為壞苦緣**。**是以三覺次第生三心故**，**為苦苦苦**。

苦苦苦。

一切有心眾生，見是三苦，起無量苦惱因緣。故我於是中，入教化道三昧，現一切色身於

三覺三心：（一）行苦覺，生苦覺心；（二）苦苦覺，生覺瘡腫覺心；（三）壞苦覺，即生壞苦心。三心皆苦故，為苦苦。三苦中，受苦覺，即同時意識之所引生，行苦覺，即五身識之所引生。以從身覺，意地覺，受行覺之三覺，次第生行苦、苦苦、壞苦之三心故，總名為苦苦苦覺。

此三受之中，但約苦受以明三苦。於苦受中，且約生時名行苦，住時名苦苦，滅時名壞苦。實則三苦遍於三時，亦復遍於三受，亦復遍於三界也。

中、住無間心，以顯悲心觀行益物之義。

一切有心眾生皆當作佛，由不了此苦幻妄非實，**見是三苦**，反**起無量苦惱因緣**，造諸惡業，可悲可憫，**故我於是中**，起同事攝，**入教化道三昧**。**現一切色身**身輪，**於六道中**，**十種辯才**口輪，**說諸**四諦**法門**。

六道中，十種辯才說諸法門。謂苦識、苦緣、刀杖緣，具苦識行，身瘡腫發壞，內外觸中，或具、不具。具二緣中生識，識作識受，觸識名為苦識行。二緣故，心心緣色，心觸觸惱，受煩毒時，為苦苦。

心緣識，初在根覺緣，名為苦覺。心作心受，觸識覺觸，未受煩毒時，是名行苦。

（一）苦諦：**謂**先示苦諦，令知集因，**苦識**為本前五，生於**苦緣**內根身，**刀杖緣**外塵，**具苦識行**，**身瘡腫**即苦苦緣，**發壞**壞苦緣。**內**根、識、**外**境，和合**觸中**，**或具**足三苦、**不具**。

先明具，**具**根、境**二緣中**，**生**分別**識**前五，**識**第六**作識受**。前五雖生，性恆非一，有間斷故，不造不受，此苦唯是第六識造業，還是第六識受報，故云識作識受，向下輾轉辨明造與不造。

示苦苦：**觸識**前五觸令而生故，無籌度心，**名為苦識行**，祇俱根境**二緣故**，明不造不受。**心**六識**心**，**緣色**瘡腫等，與上行苦緣相應。明造，**心觸觸惱**，**受煩毒**二苦交煎**時**，**為苦苦**。後二苦，釋造受緣起。

示行苦：**心**六識**緣識**前五，**初在五根覺**，**緣**刀杖加身，一念未起分別，**名為苦覺**。**心**第六識，起心取著，**作**業**心受**。**觸識**，前五**覺觸**境，**未**曾深**受煩毒時**，不造不受，**是名行苦**。

逼迮生覺，如斲石火，於身心念念生滅。身散壞轉變化，識入壞緣，緣集散，心苦心惱，受念後緣染著，心心不捨，是為壞苦，三界一切苦諦。

復觀無明，集無量心，作一切業，相續相連，集因集因，名為集諦。

正見解脫，空空智道，心心名以智道，道諦。

盡有果報盡有因，清淨一照，體性妙

示壞苦：**逼迮生覺**心受煩惱，**如斲石火，於身心念念生滅**。命盡時**身散壞**，**轉變**遷**化**，令第八**識**隨業牽引**入壞緣**，**緣集**緣**散**，臨命終時，未捨煖觸，**心苦心惱**，領**受**之**念**，仍於**後緣染著**，**心心不捨**，**是為壞苦**。與上苦緣照應，**三界一切苦諦**。

（二）集諦：反推苦因，次觀集諦。**復觀無明**，**集無量心**，**作一切業**，**相續相連**，是名**集因**。即此**集因**，以集三界因果，**名為集諦**。

（三）道諦：欲斷集因，必須**正見**照破無明，即能**解脫**。三人同觀四諦，聲聞厭苦，緣覺斷集，菩薩不厭苦亦不斷集，而假般若智，照見五蘊皆空，入於**空空**妙**智**，修諸**道**品，**心心**證入，**名以智**修**道**，名為**道諦**。

（四）滅諦：下觀滅諦，**盡**三**有**之**果報**，**盡**三**有**之**因**。即以**清淨**解脫德，**一照**般若德，因亡果喪，**體性**法身德，體本清淨智，寂滅一諦。

慧品具足名根，一切慧性，起空入觀，是初善根。

第二觀捨一切貪著行，一切平等空，捨無緣而觀諸法、空際一相：我觀一切十方地土，皆吾昔身所用故土；四大海水，是吾故水；一切劫火，是吾昔身故所用火；

性、離諸垢。**妙智**不言「如」而言「智」者，無如外智，無智外如故也，頓證**寂滅一諦**。以上四諦文竟。

總結悲觀（有三）：

第一觀「慧善根」，大空**慧品具足名根**，應上文所謂「慈、悲、喜、捨、慧」句，即以大空慧品，具足慈悲喜捨、六度、四攝，無量功德方便行門，皆依大空慧品為其根本。**一切慧性**，**起空入觀**，現身六道，說四諦法門，**是初善根**。

第二觀「**捨**善根」，以慧心捨**一切貪著行**。觀捨者，蓋我為汝所說四諦法門，是我昔日知迷而捨，故得解脫，是故今以勸汝等，亦修捨而證道也。以貪愛與解脫屬對待，故下文云「**一切平等空**，**捨無緣**」無前三種苦緣，**而觀**染淨**諸法**，**空際一相**，更無差別。**我觀一切十方地土**，**皆**即**吾昔身所用**地大**故土**；**四大海水**與我身水大等，**是吾故水**；**一切劫火**，**是吾昔身故所用火**；**一**

一切風輪，是吾故所用氣。我今入此地中，法身滿足，捨吾故身，畢竟不受四大分段不淨故身，是為捨品具足。

第三次觀於所化一切眾生，與人天樂、十地樂，離十惡畏樂、得妙華三昧樂，乃至佛樂。如是觀者，慈品具足。

菩薩爾時住是地中，無癡、無貪、無瞋，入平等一諦智，一切行本，遊

切風輪，**是吾故所用氣**。**我今入此地中**，了達一切地水火風，皆是自性中本具之物，不從外來。**法身滿足**，此即離垢地中，所證最勝真如，法性之身，三德圓滿，三身具足。**捨吾故身**，不為身見所執，即此位中所斷邪行障，**畢竟不受四大分段不淨故身**，以不受故**是為捨品具足**。

第三次觀「慈善根」，隨機與樂**於所化一切眾生**，如求人天樂者，**與人天樂**；求菩薩乘者，與**十地樂**；樂離十惡者，與**離十惡畏樂**；樂菩薩妙華三昧者，**得妙華三昧樂**；**乃至佛樂**。**如是觀者**，**慈品具足**。以上經文，迭明住無間心觀行義。

後、總結以顯解脫心義。

菩薩爾時住是地中無癡、**無貪**、**無瞋**，故名「離垢」。慧品具足故無癡相，捨品具足故無貪相，慈悲喜品具足故無瞋相。以無貪瞋癡故，所以證**入平等一諦**理**智**，為**一切**萬**行本**，**遊佛一切**

佛一切世界，現化無量法身。如一切眾生天華品說。

世界，承事諸佛，**現化無量法身**，攝受眾生。**如〈一切眾生天華品〉說**。

《合註》云：無癡即般若德，無貪即法身德，無瞋即解脫德，三德即是三諦，三諦即是平等一諦，平等一諦即是一心三智。又無癡即入一切空行，無貪即入一切中道行，無瞋即入一切有行，三行為萬行本。以此智行二種莊嚴，便能遍遊佛界，遍現化身，一一化身即報即法，三身一體，不可思議。

三心

- 加行心：以五觀見三苦相
- 無間心：以四諦觀三善根
- 解脫心：以三善根解脫三毒

三、體性光明地

別經名發光地，以因中修習一切法界忍行之力，果地開發大智慧光明故。又體性光明者，謂此菩薩成就勝定大法總持，能發無邊智慧光明故名。又以其在二地明達善根，清淨離垢，了四諦之慧、捨、慈等，無三毒，入平等一智，故光明煥發於體性佛地，精達十二部經。

先明斷證義。

此地菩薩斷一種闇鈍障，即所知障中，俱生法執一分闇鈍所起，以聞思修總持妙慧，令不現前，故名之也。並斷二愚，一者貪欲愚，二者陀羅尼愚。斷此三法，方登三地。今菩薩以聞持陀羅尼，三慧現前，便能永斷愚障，故名發光地。

所證真如，名勝流真如，令所流教法，極為最勝故。寄位夜摩天王，假修十善等法，化導眾生，十波羅蜜中，忍度最勝。

若佛子，菩提薩埵，光明體性地，以三昧解了智，知三世一切佛法門，十二法品：

名味句、重誦、記別、直語偈、不請說、律戒、譬喻、佛界、昔事、方正、未曾有、談

次正釋文義，有三心。

初、明加行心。

若佛子，**菩提薩埵**，**光明體性地**，**以三昧解了智**，從三昧所起之智，靜極明生，名發光地。故**知三世**十方**一切**諸**佛**，化導**法門**、**十二法品**。此菩薩世間所有珍財，皆無悋惜，不見有物，難可得重，但於能說法人，生難遭想，故以三昧解了智，知三世一切佛法，發智慧光，即以光明而為體性，名光明體性地。

又上二地菩薩，以五觀、四諦法門教化眾生，今此三地菩薩，以三藏十二法品：

（一）**名**身，詮自性；**味**，文身，為名句之所依；**句**，句身，詮差別，上三字即契經所具，長行。（二）**重誦**，應長行而作誦，應誦。（三）**記別**，授記。（四）**直語偈**，直說偈語，不誦長行，孤起。（五）**不請說**，無問自說。（六）**律戒**，因緣。

說。
是法體性，名一切義別，是名、味、句中，說一切有為法。
分分受生，初入識胎，四大增長色心，名六住；於根中起實覺，未別苦樂，名觸識；又覺苦樂識，名三受；連連覺著，受無窮；以欲、我見、戒取；善惡有；識初名生；識終名

（七）**譬喻**。（八）**佛界**，說佛受生，本生。（九）**昔事**，說諸菩薩弟子因行，本事。（十）**方正**，方廣。（十一）**未曾有**，希有。（十二）**談說**，論議。

是法體性等同一味，實無差別**名**，故立一切名，既有多名，而**一切義別**因機有差，且略舉**是名**、**味**、**句**契經**中**，**說一切有為法**如實相。

分分受生，觀眾生往返六道，**初入識胎**即行緣識，於第一義不了，名為無明，所作業果是行，行依止初心是識。名為初入識胎，受生托質之始，**四大增長色心**，識緣名色，與識共生四取蘊為名色。**名六住**名色緣六入，在胎中具六根，**於六根中起實覺**。六入緣觸，出胎後乃至三、四歲時，**未別苦樂**，一切分別之心未生，**名**「**觸識**」。**又覺苦**、**樂**、**識**，**名三受**觸緣受，五、六歲至十二、三歲時。**連連覺著**，**受無窮**受緣愛，十四、五至十八、九

死。是十品現在苦因緣果，

歲時。**以欲**、**我見**、**戒取**愛緣取，二十歲後。**善惡有**取緣有。愛、取、有，三支是現在因。**識初名生**有緣生。**識終名死**生緣老死。**是十品現在苦因緣果**，不言過去無明緣行，佛欲現前諸人，即識現前苦果苦因，無使再造有漏苦因故。

十二因緣分為三世因果：無明與行，是過去二支因。（一）愛；（二）取；（三）有，三者是現在之因；（四）生；（五）老、死，二者是未來之果（實該三世，乃約現在之因而言，上五支是現在五苦因）。識與名色、六入、觸、受五者，是現在五陰之身，故名現在五苦果也。五陰者：

（一）識：謂初入胎阿賴耶現行之識種，以過去無明、業行為因，而此識與父母三緣和合，乃有色身增長，是為胎中現在果。

（二）名色：名即識心，色即羯羅藍，是胎中初七日形位，諸根未成之稱，即五蘊肉團之體，是為胎中現在果。

觀是行相中道，我久已離故，無自體性。

入光明神通，總持辯才，心心行空，而十方佛土中，現

（三）六入：即六根。四七日後，六根漸長，此之六根能入諸塵，故名為入，是為胎中現在果。

（四）觸：謂六根成就，十月滿足，而於胎出，身根觸風，而知寒熱，是為出胎現在果。

（五）受：出胎後，諸根領受前境好惡等事，是為出胎現在果。

即此十品現在苦因、緣、果，遷流造作之相，既不自生，復不他生，亦不共生，不無因生，當體即空、即假、即中，有佛無佛，性相常住。菩薩逆觀還滅門，**觀是行相**，於法界**中道**理中，實不可得。**我久已離故**，**無自體性**，不見十二因緣有自體性。

中、住無間心。

入光明體性地中，具足**神通總持辯才**。雖得如是境界，而**心心行空**，**而**能於**十方佛土中**，**現劫**現**化**，輾**轉**變**化**，或住**百劫**，

劫化轉化，百劫千劫，國土中養神通，禮敬佛前，諮受法言。

復現六道身，一音中說無量法品，而眾生各自分分得聞，心所欲之法：苦、空、無常、無我。一諦之音：國土不同，身心別化。

是妙華光明地中，略開一毛頭許。如法品解觀法門、千三昧品說。

或住**千劫**，於**國土中長養神通**，**禮敬佛前**，**諮受法言**。

復能**現六道身**，以同事攝化眾生，**一音中說無量法品**，**而**隨**眾生各自分分得聞**，**心所欲之法**：**苦**，觀受是苦，得寂滅樂；**空**，觀身是空，集四大而成，從頭至足，悉皆不淨，故令觀空，證清淨法身也；悉**無常**，觀心無常，證常住真心；**無我**，觀法無我，證無生我。**一諦之音**，雖云四法，實從一諦音中演出，圓音一演，異類等解，無二無三，因眾生**國土不同**，故此菩薩**身心**，隨機**別化**。

後、解脫心。

是妙華光明地中，所有功德行願。此但**略開一毛頭許**，若廣說者於大部內，**如法品解觀法門**，〈**千三昧品**〉說。

四、體性爾燄地

菩薩因中修習無邊菩提分法，大精進力故，果地中雙照平等，名體性爾燄地。別經名燄慧地，謂為燄自在故。

先明斷證義。

此地菩薩斷一種微細煩惱現行障，即所知障中，俱生一分微細無明之惑現起。又斷二愚，一者等至愛愚，二者法愛愚。斷此愚障，方登燄慧地。謂此菩薩，初入證智，善修三十七品菩提分法，能起燄慧智火，燒一切根本煩惱，及隨煩惱之薪，便能永斷愚障，智火最勝，故名燄慧地。

證無攝受真如，無我執等所依取故。位寄兜率天王，假修三乘等法，化導眾生，十波羅蜜中，精進最勝。

次正釋文義，有三心。

初、標顯名德位，以明加行心義。

若佛子，菩提薩埵，體性地中，爾真談俗，不斷不常，

即生、即住、即滅，一世、一時、一有，

種異異現異故。

若佛子，**薩提薩埵**，**體性地中**，**爾真談俗**，**不斷不常**，謂此地中談慧增勝，為談自在，故能率爾照真了真，故不斷；照俗了俗，故不常，所謂般若無二相，二諦常照，雙舉中道，即談慧也。文中「爾」即真諦，「談」即俗諦。俗即真故不斷，性無斷故。真即俗故不常，相無常故。又真即俗故不斷，非斷空故。俗即真故不常，性空寂故。

此地完全都是心內工夫，不是向外馳求，故能照、所照都不可得。真俗雙亡故，一切法**即生**、**即住**、**即滅**，三相本無遷流，真俗融通。三昧現前故，同在**一世**三相平等，同在**一時**無古今，劫量平等，**一**念**有**心，諸法平等。

然而**種**子各**異**，**異**於**現**行之名**異故**，三世一時，依一念心有，元無差別，所以有差別者，蓋能熏之種子各異，種子既異，則所起之現行亦異。

因緣中道，非一非二、非善非惡、非凡非佛，故佛界、凡界，一一是名為世諦。

其智道觀，無一無二，玄道定品，所

又一世一時者，無過去，無現在，無未來，三世平等，無古無今，塵沙劫前，塵沙劫後，都不可得。一有者，真對俗有，俗對真有，真俗雙亡，即有非有，故名一有。種異異現異者，真如法性，體中本無差別，因善惡種子不同，而生差別，因隨六道眾生故異，現六道眾生相。

若以**因緣中道**而論，本來**非一**，以雙照故**非二**，以雙泯故**非善非惡**、**非凡非佛**，凡聖都無立足地，一一皆是假名建立，性不可得故。夢裡明明有六趣，覺後空空無大千，大千沙界海中漚，一切賢聖如電拂。**故佛界**、**凡界**，**一一是名為世諦**，皆屬對待。故禪堂裡所說「佛」之一字，吾不喜聞，此乃真俗雙亡之義，因佛與眾生，乃對待法門，無眾生即無佛也。

其智道觀，**無一無二**，上明智慧照用相，下明定品寂滅相。既云無一無二，云何又有菩提道法，賢聖差別耶？蓋以**玄**妙**道**法，謂說佛心行，初覺定因：

信覺、思覺、靜覺、上覺、念覺、慧覺、觀覺、猗覺、樂覺、捨覺。是品品方便道，心心入定果。

是人住定中，燄燄見法行空。若起念，定入生心，定生愛順，道法化生，名法樂忍、住忍、證忍、寂滅忍。

一切**定品**十覺、十定，**所謂說佛**菩提妙**心**中，所起智**行**，凡夫久迷，如來**初覺**，以本**定**為**因**，由初一覺，覺得自性本定，實為三世諸佛無異。

一信永信，永無退轉，故曰：（一）**信覺**，創始。（二）**思覺**，無邪。（三）**靜覺**，不亂。（四）**上覺**，精進。（五）**念覺**，不忘，一念相應一念覺。（六）**慧覺**，明擇。（七）**觀覺**，照了不昏。（八）**猗覺**，輕安。（九）**樂覺**，喜悅。（十）**捨覺**，解脫。**是品品方便道**，**心心入定果**。

下文廣明證入定果之義。**是人**因修道品，得**住定中**，從定發生光燄，**燄燄**照**見**諸**法行**相皆**空**，法也空，佛也空，真也空，俗也空，一空一切空，無中無假無不空。**若**於定中**起念**之時，便**定入**於無住**生心**境界，**定**中發**生愛順**，得覺法樂自在三昧，**道法化生**，**名法樂忍**、名**住忍**，安住不動故，**證忍**、究竟**寂滅忍**。

故諸佛於入光光華三昧中，現無量佛，以手摩頂，一音說法，百千起發，而不出定，住定、味樂定、著定、貪定，一劫千劫中住定，見佛蓮華座，說百法門。是人供養聽法，一劫住定。

時諸佛光中摩頂，發起定品出相、進相、去向相，故不沒、不退、不墮、不住頂三昧，法上樂忍，永盡無餘。

即入一切佛土中，修行無量功德品，

故諸佛於入光光（即燄燄，以二光破二障）**華三昧中**，**現無量佛**，各**以**右**手摩頂**安慰之，**一音**異口，同音**說法**，**百**千方便**起發**。**而**是菩薩**不出定**、**住定**、**味樂定**、**著定**、**貪定**，**一劫千劫中住定**，定中發光，光中**見佛**坐**蓮華座**，**說百法**明**門**。**是人**（菩薩）**供養聽法**，**一劫**乃至千劫**住定**。

時諸佛光中，於光光華三昧中**摩頂**，**發起**利生**定品**，令彼知**出**定**相**，**進**入定**相**，**去向**應現方所**相**。以知出相，**故不沒**於定；以知進相，故**不退**其定；以知去向相，故**不墮**於定。是故菩薩方**不住頂三昧**，**法上樂忍**，如是定愛及於法愛，**永盡無餘**，二障俱離。

中、住無間心義。

即入一切佛土中，承事十方諸佛，**修行無量功德品**，**行行**即智行雙運，**皆光明**。以不住法愛故，**入善權方便**，**教化一切眾**

行行皆光明，入善權方便，教化一切眾生，能使得見佛體性：常、樂、我、淨。是人生住是地中，行化法門，漸漸深妙，空華觀智，入體性中道，一切法門品滿足，猶如金剛。上日月道品，已明斯義。

生，能使得見佛體性，常、**樂**、**我**、**淨**。

下、結當地功德智慧不可思議，以明解脫心義。

是人生住是地中，於此地中所證度生，一切修**行**教**化法門**，**漸漸深妙**，即以**空**（真諦）**華**（俗諦），無一法可得**觀智**，**入體性中道**，**一切法門品**，無不**滿足**，**猶如金剛**。**上**〈**日月道品**〉，**已明斯義**。

七覺支

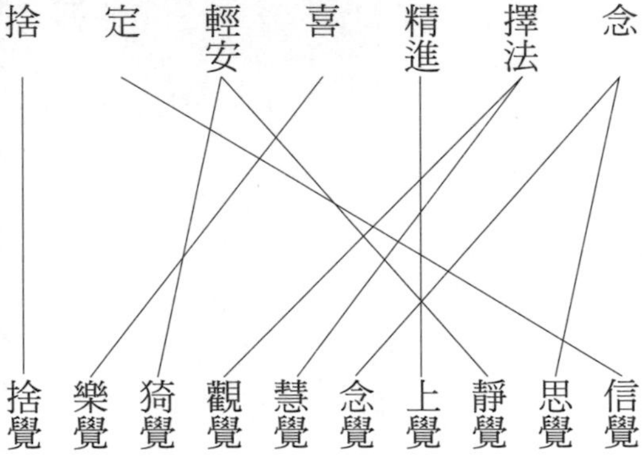

十覺之中，念覺、思覺，總屬念覺；觀覺、慧覺，總屬擇法覺；猗覺、靜覺，總屬輕安。即是七覺，開為十覺。七覺支：念、擇法、精進、喜、輕安、定、捨。

（一）信覺：此乃三世諸佛一切菩薩本因地中，發起始覺，悟本妙覺，最初入道下手工夫。初覺本定為因，一切凡夫具迷此定，無智慧覺。諸佛菩薩今悟此定，始覺有本，故名初覺定因。由初一覺，覺得自性本定，實與三世諸佛等無差別，一信永信，永無退轉，故曰「信覺」。

（二）思覺：雖然所信本定，若不思惟修行，終成空信，故次之曰「思覺」。

（三）靜覺：雖善思，若無定力所持，恐屬亂思，故次之以「靜覺」。

（四）上覺：然此定力印持，在靜覺中若無精進之力，恐墮無記，故次之以「上覺」。

（五）念覺：雖精勤不懈，更當念茲在茲，而不忘失，故次之以「念覺」。

（六）慧覺：雖念心不忘，必加慧心照境，分明不惑，故次之以「慧覺」。於所觀境，揀擇為性，斷疑為業。

（七）觀覺：雖慧心了境無惑，屬粗，必須更加微細觀察，故次之以「觀覺」。

（八）猗覺：由觀入理，而身心輕安，故次之以「猗覺」。

（九）樂覺：以是輕安調適，能令身心悅樂，故次之以「樂覺」。以所證理不生顛倒為性，正智如如為業。

（十）捨覺：以悅樂不倒而得解脫，故次之以「捨覺」。即行蘊中捨，謂精進等諸根，令心平等正直，無功用為性，對治掉舉，靜住為業。

五、體性慧照地

別經名難勝地，是以二諦難合，合此難合，令其相應故名。此菩薩因中修習，不可説深禪大定之力，故果地中，乃得諸諦相應之慧，圓照法界，故云慧照體性地。又以一慧方便分，得十力慧照故。十力妙慧，照一切法悉皆通達，名慧照。世出世道無與等者，名難勝。又此菩薩於一切世出世間，通達無礙，皆能慧照，不為下乘涅槃所障礙，不怕六道生死，不喜涅槃快樂，難做能做，難忍能忍，無人能勝，故名難勝地。又能與六道眾生平等故，得證類無差別真如。

先明斷證義。

此地斷一種下乘涅槃障，即所知障中，俱生一分厭生死苦，趣涅槃樂，依彼所起故名慧照之也。並斷二種愚執：（一）純作意背生死愚；（二）純作意向涅槃愚。菩薩今修菩提分法，二智圓通，若佛子，菩提薩埵，慧照體性地，法有十種力生品，起一切功德行，以一慧方便：

知善惡二業，別行處力品；

真俗無礙，便能永斷，名難勝地。

證類無差別真如，謂此真如於生死涅槃，其類平等，無差別故。位寄化樂天王，假修三乘等法，化導眾生，於十波羅蜜中，禪為最勝。

次正釋文義，有三心。

初、標顯名德，以明加行心義。

若佛子，菩提薩埵，慧照體性地，此地中所證真如大法，**有十種**智**力生品**，能**起一切**眾生世出世間無量**功德行**，皆**以一**念相應**慧方便**，此一句貫下十力，於一切因緣果報審實能知。上明所證十力之體，下明十力之用。

（一）知處非處智力。**知善惡二業，別行處力品**：作善得善報，斯有是處，若得惡報，無有是處；作惡得惡報，斯有是處，若得善報，無有是處。

善作、惡作，業智力品；
一切欲求願，六道生生果，欲力品；
六道性分別不同，性力品；
一切善惡根，一一不同，根力品；
邪定、正定、不定，是名定力品；
一切因果，乘是因、乘是果，至果處、乘因道，是道力品；

（二）知三世業報智力。**善作惡作**，**業智力品**：於一切眾生善作惡作、業緣果報皆悉遍知。

（三）知種種解智力。**一切**眾生心中所**欲**、所**求**、所**願**，欲有善惡，求有上下，願生天、願生西方；**六道生生果**、樂**欲力品**。

（四）知種種界智力。**六道**種**性分別不同**，**性力品**。

（五）知諸根勝劣智品。知六道**一切善惡根**上、中、下**一一不同**，**根力品**。

（六）知諸禪三昧智力。外道**邪定**，菩薩**正定**，凡夫**不定**，**是名定力品**。

（七）知一切至處道智力。知**一切**世出世間**因果**，**乘是**有漏、無漏**因**、**乘是果**，**至**佛**果處**、**乘因道**倒駕慈航，**是道力品**。

（八）知天眼無礙智力。**五眼**：天眼通非礙，肉眼閡非通，法五眼知一切法，見一切受生故，天眼力品；百劫事一一知，宿世力品；於一切生，煩惱滅，一切受，無明滅，解脫力品。是十力品智，知自修因果，亦知一切眾生，因果分別。而身心口別用，以淨國土為惡國土，以惡國土為妙樂土，能轉善作惡、轉惡作善，

眼惟觀俗，慧眼了真空，佛眼如千日，照異體還同。**知一切法**，**見一切**眾生**受生**差別**故**，端正醜陋、善惡業緣，**天眼力品**。

（九）知宿命無礙智力。**百劫事**，如舍那百劫修行是心地，實非止於百劫，**一一知**，**宿世力品**。

（十）知永斷習氣智力。**於一切生**，**煩惱**分段生死之因**滅**，**一切受**變易生死**無明滅**，**解脫力品**。

是十力品智，**知自修因果**，**亦知一切眾生**，**因果分別**。中、住無間心，以顯此地體用不可思議。

而身現通、**心**繫念、**口**說法，三輪各有差**別**妙**用**。能**以**常寂光**淨國土**，**為惡國土**五趣雜居地，**以惡國土為妙樂土**。國土本無差別，但隨眾生一一變現；《法華》三變淨土是也。**能轉善作惡**，如無厭足王，**轉惡作善**，如廣額屠兒，以善惡等性一一皆不可得，若有定性則不可轉。

色為非色、非色為色，以男為女、以女為男，

以六道為非六道、非六道為六道，乃至地水火風、非地水火風。

是人爾時以大方便力，從一切眾生，而見不可思議，下地所不能知覺，舉足下足事。是人大明智，漸漸進、分分智、光光無量無量、不可說

色為非色，非色為色；如放光散花，東涌西沒，西涌東沒，種種神變，知色空不二故。**以男為女**，如《維摩經》舍利弗被天女一指，轉為女人；**以女為男**，如《法華》龍女，男女無真實相故。

以六道為非六道，如常不輕，將凡作聖禮拜；**非六道為六道**，如面燃大士。**乃至地水火風**，**非地水火風**，非地水火風，為地水火風，四大無性，本如來藏故；如以十八神變，身為水火，擔負乾草，入中不燒等。

是人爾時以大方便智**力**，**從**任**一切眾生**見之，**而見不可思議**，**下地所不能知覺**，**舉足下足事**，故名難勝地。後、結當地功德不可思議，以明解脫心。

是人大明智漸漸進，**分分**證入諸佛一切種**智**，**光光無量無量**，及一切**不可說不可說**種種**法門**，**現在**第六現前地**前行**。上來五地已具根、力、覺、道，善巧通明無量法門，下地難超，般若現

不可說法門，現在前行。

前，智光無量，故下入第六地。

六、體性華光地

謂此菩薩因中修習無量智慧，故果地得證諸佛般若波羅蜜多大智行華，一時開敷，故云體性華光地。別經名現前地，謂本一切功德智慧俱得現前，故名現前地。

講義：盧舍那佛在華藏世界，對千釋迦說四十法門品，現在已至第六地。要知道我們在此聽《梵網經》，即是與千百億釋迦同學。何以呢？因我們也是梵網會上之一個佛子，盧舍那佛的華藏世界，即是千釋迦的華藏世界，千釋迦的華藏世界，即是我們的華藏世界。以此華藏世界人人都有分的，所以我們聽眾，要從此入觀，作華藏世界即在當人面前，親聞舍那說法的樣子，我亦是千佛中之一尊，要從初地直至十地，都不離此華藏一觀，不即不離，如此方不負盧舍那佛一片婆心。

先明斷證義。

若佛子，菩提薩埵，體性華光地，能於一切世界中，十神通明智品，以示一切眾生，種種變化。

此地斷一種粗相現行障，即所知障中俱生一分，執有染淨粗相現行所起。並斷二種愚執：（一）現觀察，行流轉愚；（二）相多現行愚。今知一切法無有染淨，住「無相作意」，令真如圓滿，便能永斷愚障。愚障既斷，般若現前，故名現前地。所證真如，名無染淨真如。位寄自在天王，假修三乘等法，化導眾生，於十波羅蜜中，般若最勝。

次正釋文義，分三心。

初、標顯名德，以明加行心義。

若佛子，**菩提薩埵**，**體性華光地**。

中、釋住無間心。

能於一切世界中，而運**十神通**大**明**不昧**智品**，由真性現前，遂得十通成就。為令眾生生信故，下文現形六道，**以示一切眾生**，**種種變化**，因眾生時時刻刻的變，此菩薩亦不變而變，變而

以天眼明智，知三
世國土中，微塵等
一切色，分分成六
道眾生身，一一
身、微塵細色、成
大色，分分知。

以天耳智，知十方
三世六道眾生，苦
樂音聲、非非音、
非非聲、一切法
聲。

不變。

（一）天眼通。**以天**即性中天、第一義天，栽培心上地，涵養性中天。**眼明智**離諸障垢，清淨無礙。**知**十方**三世國土中**，**微塵**所造**等**，**一切**四大幻**色**，**分分成六道眾生身**，以水合微塵則成血肉，以火合微塵則成熱氣，借父母陰陽二氣之風而成此身。忽人忽畜，此天眼無所不知。生了又死，死了又生，忙個不了，忙到無量劫，不過是些微塵罷了。此菩薩不垢不淨，寸絲不掛，故能明白此事。六祖「菩提本無樹」，有菩提即有微塵在。**一一**分段**身**、**微塵細色**、**成大色**，**分分知**毛孔若干、眉毛幾何。

（二）天耳通。**以天耳智**聞，**知十方三世六道眾生**，因執受大種聲，**苦樂**（有情）**音聲**（大音希聲、大相無相）；**非**苦**非**樂**音**，指無情聲；**非非聲**，因不執受大種聲；現身說法，即是此法，**一切**三乘、二乘、一乘出世**法聲**。

以天身智，知一切色、色、非色、非男非女形，於一念中，遍十方三世國土劫量，大小國土中微塵身。

以天他心智，知三世眾生心中所行，十方六道中，一切眾生心心所念苦樂、善惡等事。

以天人智，知十方三世國土中，一切眾生宿世，苦樂受命一一知，命續百劫。

以天解脫智，知十

（三）色身通。**以**第一義**天身**光明**智**，**知一切色**根身內色，即正報身；**色**器界外色，田宅財產是依報身。**非色**，即佛所住真如法性土色，及佛光明遍照清淨法性身色。**非男非女形**，**於一念中**，**遍知十方三世國土劫量**長，如彌陀長劫說法；短，如釋迦短劫說法。**大小國土中微塵身**，即大如須彌，亦是微塵。

（四）他心通。**以天他心智**，**知三世眾生心中所行**，**十方六道中**，**一切眾生心心所念**：能知鳥獸心故，能聽鳥獸語，**苦樂**、**善惡等事**。

（五）宿命通。**以天人智**，**知十方三世國土中**，**一切眾生宿世**善惡業因，感現在**苦樂受命一一知**，**命續百劫**。

以上五智，知世諦緣起，無有染相可得。後五品智，所言眾生，皆指賢聖，與上不同。

（六）滅盡通。**以天解脫智**，**知十方三世眾生解脫**，**斷除**

方三世眾生解脫，斷除一切煩惱，若多若少，從一地乃至十地，滅滅皆盡。

以天定心智，知十方三世國土中眾生，心定不定、非定非不定、起定方法，有所攝受三昧、百三昧。

以天覺智，知一切眾生已成佛、未成佛，乃至一切六道，人心心，亦知十方佛心中所說法。

以天念智，知百劫千劫、大小劫中，

一切煩惱，若多若少，從一地乃至十地，分別二執極喜無，俱生二執地地除，**滅滅皆盡**；除一分無明惑障，證一分真如妙理，終極金剛道後究竟愚障，皆盡無餘。如是種種解脫，一一皆知故。

（七）神境通。**以天定心智，知十方三世國土中眾生**，其**心定**與**不定**；**非定非不定**，行住坐臥，不著行住坐臥相；**起定方法，有所攝受三昧**，及**百三昧**。

（八）言音通。**以天覺智，知一切眾生已成佛、未成佛，乃至一切六道，人心心**所念，**亦知十方佛心中所說**之**法**。

（九）未來通。一念觀無量劫：**以天念智，知百劫千劫，大小劫中，一切眾生受命，命久**長短**近**。

（十）無作通。**以天願智，知一切眾生賢聖，十地、三十心中，一一**修**行**發**願**。**若求苦樂**：求苦者，如藥王燒身燃臂，不輕所受杖木打擲，阿難五濁惡世誓先入等；求樂者，如韋提希願生樂一切眾生受命，命久近。以天願智，知一切眾生賢聖，十地、三十心中，一一行願，若求苦樂、若法非法，一切求、十願、百千大願品具足。是人住地中，十神通明中，現無量身、心、口別用。說地功德，百千萬劫不可窮盡。而爾所釋迦，略開神通明品，如觀十二因緣品中說。

土，法藏比丘願眾生咸生安養等是。**若法非法**：求法者，即以權實顯密正教等法；求非法者，即為天魔外道邪教等法。**一切求**，總結上求下化，無所不求。**十願**，如普賢十大願王，乃至諸佛**百千大願品具足**。

後、結當位智德，以明解脫心。

是人住地中，十神通明中，現無量身、心、口別用，說地功德，百千萬劫不可窮盡。而爾所釋迦，略開神通明品，如大部中〈**觀十二因緣品**〉**中說**。

七、體性滿足地

以上六地，一真明現，十通智明，轉轉瑩徹。至此七地，諸漏習盡，進、念、定、慧、十八不共、三昧智明，等同諸佛，無量法門，悉皆具足，故曰滿足地。又此位菩薩因中修方便度，故果地證得如來一切智行，圓滿具足，故名滿足體性地。

別經名遠行地，出三界河，過二乘地，到涅槃城，近法王位故。善修無相妙智，行華遍滿法界，無遠勿到，大而無間，小而微塵，無所不入，無所不現，故名遠行。

先明斷證義。

此地菩薩斷一種細相現行障，即所知障中，俱生一分，執有生滅細相現行所起，故名之也。並斷二愚：（一）細相現行愚；（二）純作意求無相愚。斷此三法，方登七地。今遠三界，近法王位，行過二乘，善修無相，到無相邊，功用至極，望前遠過故，名

若佛子，菩提薩埵，滿足體性地，入是法中，十八聖人智品，下地所不共。所謂身無漏過、口無語罪、念無失念、離八法、

遠行地。

證無差別真如，謂能了種種教法，皆同真如，不無相故。位寄初禪天王，假修三乘等法，化導眾生，十波羅蜜中方便最勝。

次正釋文義，分三心。

初、標顯名德，以明加行心。

若佛子，菩提薩埵，滿足體性地。

中、無間心。

入是滿足體性**法中，十八聖人智品，下地所不共**。

（一）身無失，**所謂身無漏過**，持光明金剛寶戒。

（二）口無失，**口無語罪**。

（三）意無失，**念無失念**。

（四）無異想，**離八法**，十煩惱中，已離八法，唯癡、慢在。或離八倒，或離八風。

一切法中捨、常在三昧，是入地六品具足。復從是智，生六足智：三界結習，畢竟不受，故欲具足；一切功德，一切法門，所求滿故，進心足；一切法事，一切劫事，一切眾生事，以一心中一時知故，念心足；是二諦相，六道眾生，一切法故，智慧足；

（五）無不知捨，心**一切法中捨**，不起絲毫貪心。

（六）無不定心，**常在三昧**。**是入地六品具足**。

結前六品，起後六品智，**復從是智**，**生六足智**。

（一）欲無滅。**三界結習**已滅，**畢竟不受**後有，**故欲具足**。如釋迦降王宮、父母、妻子、雪山六年苦行，因從眾生欲具足，故佛亦具足，以便化度眾生。

（二）精進無滅。任運度生**一切功德**，**一切**三十七助道**法門**，**所求滿故**，**進心足**。

（三）念無滅。**一切法**安立**事**，**一切劫**量長短**事**，**一切眾生事**因緣果報，壽命長短苦樂等事，**以一心中一時知故**，**念心足**。

（四）智慧無滅。**是二諦**真俗苦集**相**，是**六道眾生**，**一切**因果**法故**，**智慧足**。

（五）解脫無滅。**知十發趣人**，**乃至一切佛**，**無結無習故**，知十發趣人，乃至一切佛，無結無習故，解脫足；見一切眾生，知他人自我弟子，無漏無諸煩惱習故，以智知他身，六通足。是人入六滿足明智中：便起智身，隨六道眾生心行；口辯說無量法門品，示一切眾生故；隨一切眾生心行，常入三昧，而十方大地動，虛空化華故，能令眾生心

解脫足。

（六）解脫知見無減。**見一切眾生，知他人自我弟子，無漏無諸煩惱習故，以智知他身，六通足**。

結前，**是人入六滿足明智中**。起後：

（一）身業隨智慧行，**便起**智**身，隨六道眾生心行**。

（二）口業隨智慧行，**口辯說無量法門品，示一切眾生故**。

（三）意業隨智慧行，**隨一切眾生心行，常入三昧，而十方大地動，虛空化華故，能令眾生**開悟**心行**。

（四）知過去世無礙智，**以大明智具足，見過去一切劫中佛出世，亦是示一切眾生心**。

（五）知現在無礙智，**以無著智，見現在十方一切國土中，一切佛**，為**一切眾生**，說種種法，是諸眾生從佛聞法，悉能受持**心心所行**。

行；
以大明具足，見過去一切劫中佛出世，亦是示一切眾生心；
以無著智，見現在十方一切國土中，一切佛，一切眾生心心所行；
以神通道智，見未來中一切劫，一切佛出世，一切眾生，從是佛受道聽法故。
住是十八聖人中，心心三昧，觀三界微塵等色，是我故身，一切眾生是我父母。

（六）知未來無礙智，**以神通道智，見未來中一切劫，一切佛出世，一切眾生，從是佛受道聽法故**。

後、明解脫心。

結前，**住是十八聖人中**。起後，**心心**不離**三昧**，**觀三界微塵等色**，**是我**為凡夫時**故身**。**一切眾生是我父母**，經云：「脫骨如須彌山，所飲母乳，如四大海水。」如是脫骨之多，飲乳之廣，實非一生二生父母，非百生千生父母，乃至百千萬億不可說劫父母。由我累劫修行報答父母，饒益眾生，是故而今入是「滿足體性地」中。

而今入是地中，具足六度四攝**一切功德**，**一切神**通、智**光**，**一切佛所行法**，**乃至八地、九地中**，**一切法門品**，**我皆已入故**，**於一切佛國土中**，**示現作佛**，**成道轉法輪**，**示入滅度**，**轉化他方**，**過去來今**，**一切國土中**。

十八不共法，唯佛能有，不與凡夫二乘權乘菩薩共故。列表如而今入是地中，一切功德、一切神光、一切佛所行法，乃至八地、九地中，一切法門品，我皆已入故，於一切佛國土中，示現作佛、成道、轉法輪，示入滅度，轉化他方，過去來今，一切國土中。

下：

十八不共法

- 1 身、2 口、3 意 —— 無失
- 4 無異想、5 無不知捨、6 無不定 —— 心
  - 第五、無不知捨心：《合註》云：須四句分別：（一）不知不捨，凡夫於一切法，不了原由，妄想執著。（二）知而不捨，解行菩薩雖知諸法真實之相，惑種未斷，未能脫然永離。（三）不知而捨，二乘無差別智，不知諸法種種體性，但能永無貪著。（四）知已而捨，惟佛究盡諸法實相，如圓鏡照物，了了現前，永無黏著。
- 7 欲、8 精進、9 念、10 智慧、11 解脫、12 解脫知見 —— 無滅
- 13 身、14 口、15 意 —— 業隨智慧行
- 16 知過去、17 知現在、18 知未來 —— 世無礙智
  - 名大明，無昏昧忘失故。
  - 名無著，如鏡普照故。
  - 名神通，不可思議故。
  - （實則三世皆大明，皆無著，皆是神通道力也。）

八、體性佛吼地

以入法王位，其說法與佛同故。別經名不動地，此菩薩一切動心、憶想、分別、菩提心、涅槃心，悉皆不起；即捨一切功用行，得無功用法，故云不動地。譬如乘船入於大海，不用人力，但隨風力，入薩婆若海。此菩薩亦如是，一真如心，故名不動；與佛同體，從勝定出，復名佛吼。

初、明斷證義。

此菩薩斷一種加行障（能加所加，皆不可得）即所知障中，俱生一分，令無相觀不任運起，故名之也。並斷二種愚執：一者無相作功用愚，二者於相不自在愚。此菩薩今入無功用道，得無分別智照，任運相續。報行純熟，居無相觀，不為諸法煩惱所動，便能永斷，愚障既斷，故名不動地。

證不增不減真如，住無相觀，不隨染淨所增減故。寄位二禪天

若佛子，菩提薩
埵，佛吼體性地，
入法王位三昧，

其智如佛，佛吼三
昧故，十品大明空
門，常現在前，

王，作小千世界主，以一乘法化導眾生，願波羅蜜最勝。

次正釋文義，分三心。

初、有三句，標顯名德，以明勝進心。

若佛子，菩提薩埵，佛吼體性地。入法王位三昧，證於平等法性真無生忍，故名法王位三昧。即所證無上涅槃，乃法身之理聚，大樂三昧，正受寶位，大自在定中，出沒無礙。上句是所證無上涅槃。

其智如佛，此句是能證無上菩提，乃報身之智聚。如者，即如舍那自己一樣，如法身佛，如報身佛，如化身佛。**佛吼三昧故**，用時即佛吼，不用時即三昧。法身佛，無吼而吼。報身佛，吼而無吼。化身佛塵塵剎剎吼，一吼無不吼。是即法報不分，三身圓現，起後得智，說法利生，乃化身之功德聚。八地菩薩已親證此故，**十品大明空**智慧**門**，即般若門及法界門**常現**，依體起用**在前**。

華光音入心三昧。

其空慧者，

謂內空慧門、

外空慧門、

有為空慧門、

下句申明佛吼之義：**華**，行華成人之德；**光**，智光破人之暗；**音**，法音開人之迷；**入心**，攝用歸體**三昧**，大智慧行華，與大智慧光明相合之音，入於眾生之心。如螟蛉之子殪，而逢蜾蠃祝之曰：「類我！類我！」久則肖之。此菩薩度人心切，亦欲眾生類我也，故入心三昧。

其空慧者，牒定十品明空慧：

（一）**謂內**，正報心王**空慧門**：以般若智照，心空境寂故，觀內身三十六種不淨充滿，九孔常滿，淨相不可得。

（二）**外**，依報心所**空慧門**：黃花翠竹，無非般若，凡愚為欲染故，觀所著色，妄以為淨，求其淨相，亦如我身非常、非樂、非我、非淨相不可得。

（三）**有為空慧門**：即諸世諦，觸事而真故。謂五陰等法中，我及我所及以常，皆不可得。

無為空慧門、
性空慧門、
無始空慧門、
第一義空慧門、
空空慧門、

（四）**無為空慧門**：觀諸法如實相故，謂無所作為，則無有相，今對有為說無為，若有為法不可得，無為法亦不可得。

（五）**性空慧門**：性空寂滅，無所作故，有為無為，皆無自性故。以上總有為無為，二性皆空。謂即凡夫滯有，如來說為不有。二乘沉空，如來說為不空。以是不有而有是為妙有，不空而空是為真空。菩薩智照，法界圓融，理事一切無礙，二性平等故。

（六）**無始**無明**空慧門**：菩薩以大智慧光，照一切諸法，起無始相，滅無終相，起滅之際，無法可得，故得證入無始空慧門。謂世間眾生無有始相，如今生從前世因緣有，前世復從前世有，如是輾轉推求始相，了不可得。

（七）**第一義空慧門**：因對第一義，假立名言故，菩薩以如理智照之，悉同真性，無相可得。

（八）**空空慧門**：空上第一義空之空。謂第一義空，而空理猶

空空復空慧門、
空空復空空慧門。

如是十空門，下地各所不知。虛空平等地，不可說不可說，神通道智。以一念智，知一切法，分分別異，而入無量佛國土中，

在，空即是病，復以智，空其空，名空空慧門。

（九）**空空復空慧門**：以無功用，能所俱空故，謂雖以智空理，理雖空而空理之智尚在，智亦是病，故復空其智。

（十）**空空復空空慧門**：理智皆空，空空之空猶在，今空空復空亦空也。初以理空法，次以智空理，三以空空智，今復空空，其空智亦空，所謂重空觀也。又復空空之空，是名為究竟一切，空空復空慧門，此空亦復當空，以是無空之空，空無所空，是則無所得空，故得證入空空復空空慧門。

如是十空慧門，**下地各所不知**，唯此地證入**虛空平等**性**地**，更有**不可說不可說神通道智**。

以一念智，**知一切**染淨諸**法**，**分分別異**，**而入無量佛國土中**，**一一佛前諮受法**，**轉法**輪**度與一切眾生**，**而以法藥施一切眾生**，**為大**（體大）**法師**（佛吼體性故）。

一一佛前諮受法，轉法度與一切眾生。而以法藥施一切眾生，為大法師、為大導師，破壞四魔，法身具足，化化入佛界。

是諸佛數，是諸九地、十地數中，長

法王位三昧故，**為大**（用大）**導師**華光音入眾生心故，**破壞四魔**，不動地前纔捨藏，「俱生我執」至此已除故：（一）天魔：表七、八識及法執。（二）死魔：分段、變易，今二死永亡。（三）陰魔：三識、三毒、人我執，五陰色身。（四）煩惱魔：粗細煩惱，有五種住地，今則五住究竟。**法身具足**，**化化入佛界**。

五種住地惑

1. 見一處住地——分別見惑——煩惱障
2. 欲愛住地
3. 色愛住地
4. 有愛住地

（2.–4.）——俱生思惑

5. 無明住地——根本不覺——所知障

中、明住無間心。

是諸佛數，**是諸九地**，**十地數中**不過任運，**長養法身**，即得**百千陀羅尼門**，**百千三昧門**，**百千金剛門**，以顯不壞不動；

養法身。百千陀羅尼門、百千三昧門、百千金剛門、百千神通門、百千解脫門，如是百千虛空平等門中，而大自在。一念一時行，劫說非劫、非劫說劫，

非道說道、道說非道，非六道眾生說六道眾生、六道眾生說非六道眾生，

百千神通門，以顯縱任自在，變化無礙；**百千解脫門**，以顯無明結盡。**如是百千**無量法門，皆在**虛空平等**性地**門中**，**而**得**大自在**。《仁王般若》云：「不動菩薩一禪王，得變易身常自在，能於百萬微塵剎，隨其形類化眾生，悉知三世無量劫，於第一義常不動。」**一念一時**皆能**行**。

下文申明自在之義，故得入劫智，而成佛吼。**劫說非劫**，**非劫說劫**：梵語劫波羅，此云時分，劫有大小、長短、時分不同，如諸天有拂石劫，地獄有芥城劫，人間有轆轤劫，菩薩修行究竟，經過三大阿僧祇劫，斷盡無明之時，方得成佛，是名為劫。如是等劫，本非實有，名為非劫。

非道，諸惡邪見，**說道**，菩提十善；**道說非道**，求其邪正，本不可得。**非六道眾生**，**說六道眾生**，**六道眾生**，**說非六道眾生**：因聖說凡，因凡說聖，如是究竟凡聖之相，實不可得。**非佛說**

非佛說佛、佛說非佛。而入出諸佛體性三昧中，反照、順照、逆照、前照、後照、因照、果照、空照、有照、第一中道義諦照，

是智唯八地所證，下地所不及：不動、不到、不出不入、不生不滅。

佛，佛說非佛：魔外即佛，魔界、佛界求其異體，亦不可得。**而入**隱**出**現，皆不離**諸佛體性三昧中**。以上顯菩薩說法自在。

以下十種智照，發明出入諸佛體性三昧中，不思議境界。**反照**內照自心，**順照**觀無明流轉門，**逆照**觀無我還滅門，**前照**觀往劫事，**後照**觀未來劫事，**因照**、**果照**、**空照**、**有照**、**第一中道義諦照**。

是十種**智**照，**唯八地所證**，**下地所不及**。何以故？謂此菩薩所證真如：**不動**，以心得自在故，智無所不照；**不到**，能達一切法；**不出不入**，離出入相；**不生不滅**，離生滅相。以離動相故，不動、不到、不出、不入，名不動地。如水中月，不出乎水，不離乎水。如空中花，本無有生，亦無有滅。

是地法門品，無量無量，不可說不可說。今以略開地中百千分，一毛頭許事，羅漢品中已明。

後、此下總結，顯所證一切功德，以明解脫心。

是地所證**法門品，無量無量，不可說不可說，今以略開地中百千分，一毛頭許事，〈羅漢品〉中已明。**

九、體性華嚴地

此地所證境界，與佛莊嚴，等無差別，所謂修萬行因華，莊嚴一乘佛界故。別經名善慧地，善入諸佛種類，善諸佛平等大慧，故名善慧地。又發真如用，善能說法，故名善慧地。

先明斷證義。

此地斷一種不欲行障，即所知障中，俱生法執，一分利樂有情事中，不欲勤行所起。並斷二種愚：一者陀羅尼愚，二者辯才自在愚。此菩薩今得十種無礙智用現前，於諸智中最為殊勝。由此智用無礙，便能永斷愚障，能轉清淨大法輪，是以善用其慧，故名善慧地。

證智自在真如，謂此真如智用自在，以四無礙智所依止故。位寄三禪天王，作中千世界主，以一乘法，化導眾生，於十波羅蜜中，力波羅蜜最勝。

若佛子，菩提薩埵，佛華嚴體性地，以佛威儀、如來三昧自在王，王定出入無時。於十方三千世界，百億日月、百億四天下，一時成佛、轉法輪，乃至滅度，一切佛事，以一心中，一時示

次正釋文義，分三心。

初、標名德位，以明勝進心。

若佛子，菩提薩埵，佛華嚴以佛莊嚴而自莊嚴故**體性地**，**以佛威儀**，惡者以威折之，善者以儀攝之，此菩薩於動中利生。下句於靜中利生，**如來三昧自在王**，如如不動中來，來即無來，故來無所從，去無所至。此三昧包含百千三昧，乃至包含八萬波羅蜜門，三昧不離威儀，威儀不離三昧，三昧即威儀，威儀即三昧，動靜如一。

王定，**出**動**入**靜**無時**，默時說，說時默，大施門開無壅塞。動自在，靜自在，出自在，入自在，依體起用自在，攝用歸體自在，一自在一切自在，故名為王。出入無時者，出入不規時間，出不離定，入不離定，出入無礙，動靜一如。

上明報身大用。下明化身大用：**於十方三千世界**，**百億日**

現，一切眾生，一切色身，八十種好，三十二相，自在樂，虛空同，無量大悲，光明相好莊嚴。

非天、非人、非六道，一切法外而常行六道，現無量身、無量口、無量意，說無量法門，而能轉魔界入佛界、佛界入魔界，復轉一切見入佛見、佛見入一切見，佛性入眾生性、眾生性入佛性。

其地光，光光照、

月，百億四天下，一時示現**成佛，轉法輪，乃至滅度，一切佛事，以一**念**心中，一時示現，一切眾生，一切色身，八十種好，三十二相，自在**大**樂，**與**虛空**光體性相**同，**具足**無量大悲、**無量**光明**、無量**相好**、無量**莊嚴**。

非天、非人、非六道，而能天能人能六道，**一切法外**本非一切法，而常行一切法，**而常行六道**，但隨眾生所見所聞不同，隨機**現無量身**、**無量口**、**無量意**，**說無量法門**。**而能轉魔界入佛界**、**佛界入魔界**；**復轉一切見入佛見**、**佛見入一切見**；轉**佛性入眾生性**、**眾生性入佛性**。

其地光，以此地皆以智光為體，故**光光相照**，此地菩薩之光明，一光一光都照到眾生心上，明明無窮，燄燄無盡。**慧慧相照**，以智能照境，慧能了境，故照了眾生心，**明燄明燄**，無有四窮盡，**無畏四無量**。**十力**、**十八不共法**、三**解脫**、四**涅槃**、三六**無**

慧慧照、明燄明燄，無畏無量。十力、十八不共法、解脫涅槃、無為一道清淨。

而以一切眾生，作父母兄弟，為其說法，盡一切劫得道果。又現一切國土，為一切眾生，相視如父如母，天魔外道，相視如父如母。

住是地中，從生死際起，至金剛際，以一念心中，現如是事，而能轉入無量眾生界。如是無量，略說如海一滴。

為，皆**一道清淨**。一解脫一切解脫，一涅槃一切涅槃，一無為一切無為。

中、明住無間心，以顯菩薩大慈大誓大願故。

而以一切眾生，作父母兄弟報恩想、扶持想、同其憂慮，**為其說法，盡一切劫**，令其**得道果**，上卑劣行門之遠因緣。**又現一切國土身，為一切眾生，相視如父如母，天魔外道，相視如父如母**，此尊勝行門之近因緣。

後、明解脫心義，以結當地功德不可思議。

住是地中，**從**無明不覺**生死際起**，**至**究竟本覺**金剛際**止，於其中間所有凡聖，迷悟染淨，修斷因果，一切差別法門，**以一念心中**，始終不出剎那際三昧，**現如是事**，**而能轉入無量眾生界**，使解脫故。**如是無量**功德中，**略說如海一滴**。

十、體性入佛界地

別經名法雲地，菩薩現無邊身雲，說無邊法雨故。此菩薩所證一切理智行願諸功德藏，即與十方諸佛所證境界等無差別，故名體性入佛界地。入佛界者，即永出眾生界也。眾生有盡境界，諸佛是無盡境界，從無界而界，故名入佛界。

先明斷證義。

此地斷一種未得自在障，即所知障中，俱生法執，一分法味自在所起，能障大法智雲，及所起事業不現前，故名之也。並斷二愚：（一）現大神通愚；（二）微細祕密愚。菩薩法身圓滿，性智清淨，空有兩忘，極證中道之理，便能斷盡，愚障既斷，故智慧雲彌滿法界，雨大法雨，充足一切枯槁眾生，故名法雲地。

證業自在真如，一切業惑悉得解脫，與真如理得相應故。寄位四禪天王，作大千世界主，演一乘法，教化眾生，於十度中，智度若佛子，菩提薩埵，入佛界體性地。

其大慧空空復空，空復空，如虛空性。平等智，有如來性，

十功德品具足：

最勝，餘度功德，至此俱得圓滿具足。

次正釋文義，分三心。

初、標顯名德位，以明勝進心。

若佛子，菩提薩埵，入佛界體性地。

中、申明入佛境界，以顯住無間心。

其大慧空空復空，即前十空觀門中，空空復空空慧門。已證如來無量智慧，不見有智慧相，故大慧空；亦不見有空相，故空復空。**空**亦**復空**如是之空等遍法界，**如虛空性**，此即大圓無垢，理聚圓極，乃法身境界。法身無相，十方平等，故云：其大慧空，空亦復空，如虛空性。「**平等智**，**有如來性**」此即平等性智，智聚圓明，乃報身境界，以是報身而證法身，故云有如來性。

十功德品具足，此即成所作智，而功德聚圓成，乃即化身境界，而此化身以修諸波羅蜜而成，故云十功德品具足。即佛十號：

空同一相，體性無為，神虛體一，法同法性，故名如來；

應順四諦、二諦，盡生死輪際，法養法身無二，是名應供；

遍覆一切世界中，一切事，正智、聖解脫智，知一切法有無、一切眾生根故，是正遍知；

（一）如來：**空同**與虛空，等**一**實**相**，**體性無為**，上二句顯本法身。**神虛體一**，顯報身。**法**與應化身**同法性**，以報化神妙不測，虛澈靈通，應周沙界，**故名如來**。乘如實道，來成正覺。來為眾生來，去為眾生去，本無來去之相。

（二）應供：**應順**四種**四諦**：一、生滅四諦，應聲聞；二、無作四諦，應緣覺；三、無生四諦，應菩薩；四、如來者以應無量四諦。**二諦**，真俗；**盡生死**，五住究竟，二死永亡；**輪際**，四諦、二諦之法際；**法**，法性食；**養**，長養**法身無**有**二**相，即食是身，即身是食，**是名應供**。

（三）正遍知：**遍覆一切世界中**：以廣大身雲，**一切**聖凡根性差差別緣起之**事**，上遍知，下正知，以**正智**即根本智，**聖解脫智**即差別智，**知一切法有無**，**一切眾生根故**，合而言之，**是正**根本、**遍**差別**知**。

明明修行，佛果時
足故，是明行足；

善逝三世佛法，法
同先佛法，佛去時
善善、來時善善，
是名善善；

是人行是上德，入
世間中，教化眾
生，使眾生解脫一
切結縛，故名世間
解脫；

是人一切法上，入佛
威神，形儀如佛，

（四）明行足：**明**三**明修行**，**佛果時足**，二嚴克備**故**，**是**三**明**萬**行足**。三明者：一者天眼智明，三乘賢聖，勝妙於天，於天得彼天眼；二者宿命智明，於三世境界，無有不知；三者漏盡智明，證見道時，遠離四漏，不同二乘所證故。

（五）**善逝**：往返**三世**諸**佛**道**法**，**法同先佛法**，佛佛道同，古佛儀式；**佛去時善善**，化緣將畢，他方利生；**來時善善**，眾生有感，示現降生，**是名善善**逝。

（六）世間解：**是**地**人**能**行是上德**，不厭生死，不趣涅槃，**入世間中**，**教化眾生**，**使眾生解脫一切結縛**，**故名世間解脫**。世間者，遷流為義，往返六道曰世；間者，如牢獄，不能得出故。菩薩出入無礙，故曰解脫。

（七）無上士：**是人**能於**一切法上**，成等正覺，更無有上，**入佛威神**，**形儀如佛**，**大士行處**。

大士行處；

為世間解脫，調順一切眾生，名為丈夫；

於天人中，教化一切眾生，諮受法言故，是天人師；

妙本無二、佛性玄覺，常常大滿，一切眾生禮拜故、尊敬故，是佛、世尊。

一切世人，諮受奉教故是佛地。是地中，一切聖人之所入處，故名佛界地。

（八）調御丈夫：**為世間解脫**生死結縛，**調順**（以百千萬億方便）**一切眾生**，化其剛強粗獷，而為柔和善順，**名為丈夫**。

（九）天人師：**於天上人間中**，**教化一切眾生**，令諸天人**諮受法言故**，**是天人師**。

（十）佛、世尊：**妙**性**本**覺，法身**無二**，眾生與佛，本來無二，但迷而不知，名為眾生。若能親證**佛性**（法身），虛**玄**靈**覺**之體，**常常**（報身）**大滿**，**一切眾生禮拜故**（化身）**尊敬故**，**是佛**、**世尊**。上明十號之義。

後、明入佛界之義。

一切世人，**諮受奉教故是佛地**。**是地中**，**一切聖人之所入處**，越此得成佛者，是為魔說，**故名佛界地**。

> 爾時坐寶蓮華上，一切與授記歡喜，法身手摩其頂。同見、同學菩薩，異口同音，讚歎無二。

玖、結讚法門

一、本土主伴讚

初、本土佛與記。

此明究竟圓滿證入妙覺果海，以顯解脫心。**爾時坐寶蓮華上**盧舍那佛，及千華臺上千釋迦、千百億釋迦佛，**一切與**此地菩薩**授記歡喜**，同以**法身手**而**摩其頂**。

後、本土伴讚歎。

同見，同一見解，即同見真如法身實相理。**同學菩薩**，同一師學菩薩道，同受灌頂職。**異口同音**，**讚歎無二**。

又有百千億世界中，一切佛、一切菩薩，一時雲集，請轉不可說法輪，虛空藏化導法門。是地有不可說奇妙法門品，奇妙三明、三昧門、陀羅尼門，非下地凡夫心識所知，唯佛佛無量身、口、心意，可盡其源。如光音天品中，說十無畏，與佛道同。

二、他方主伴讚

初、請轉法輪。

又有百千億世界中，一切佛、一切菩薩，一時雲集，請轉不可說法輪，虛空藏化導法門。

後、讚勝功德。

總結，顯當地功德微妙難思，奇特殊勝。**是地**更**有不可說奇妙法門品，奇妙三明、三昧門、陀羅尼門，非下地凡夫心識所知，唯佛佛無量身、口、心意，可盡其源。**十方國土碎為塵，亦於一念知其數，毫末度空可知量，億劫說此不可盡。所謂唯佛與佛，乃能究竟諸法實相。**如〈光音天品〉中說十無畏，與佛道同。**

佛果十種通號

（一）如來：倣同先德號，三世諸佛，同一如如，佛佛皆從真如中來。

（二）應供：堪為福田號，應九界供，堪為九界眾生福田。

（三）正遍知：遍知法界號，正是根本智，遍是差別智，根後不二，遍知十方法界。

（四）明行足：果顯因德號，明三明，圓萬行，佛果滿足。

（五）善逝：妙住菩提號，逝是入去義，或示入涅槃為去，或示生人世為來，無不契機契理。

（六）世間解：達偽通真號，達九界之偽，通佛性之真。

（七）無上士：攝化從道號，攝化眾生，具從佛道。

（八）調御丈夫：攝化從道號，攝化眾生，具從佛道。

（九）天人師：應機授法號，應化天人之機，傳授真善之法。

（十）佛：覺悟歸真號，覺悟煩惱無明，全歸真性。世尊：三界獨尊號，獨一無侶，秋月圓淨。

【補註】

「善逝三世佛法」，逝是入義。「法同先佛法」者，謂雖應化無方，而其儀式軌則，皆與先佛法身無二，或示入涅槃為去，或示生人世為來，無不契理契機，是故善而又善。

問：理無來去，來去隨機，但可契機，哪云契理？答：理無來去，亦無不來不去，但令契機，即是契理。又示現來去，故契機。來無來相，去無去相，故契理也。若權教菩薩，唯能來度眾生，不能去至涅槃，縱令契機，終不契理。若二乘之人，唯能去至涅槃，不能來度眾生，縱令契理，終不契機，唯證偏空，不盡理性故。

又權教菩薩，雖能遍示去來，但出假須起空，入空雖棄假，亦不得名善善。今不起滅定，現諸威儀，四威儀中，心常在定。如明月之在天，水清影現而非來，水濁影亡而非去，乃名去來皆善善也。

《摩訶止觀》觀如來十號：意止觀者，端坐正念，蠲除惡覺，捨諸亂想，莫雜思惟，不取相貌，但專繫緣法界。信一切法皆是佛法，住無所住，如諸佛住。此法界亦名菩提，亦名不可思議境界，亦名般若，亦名不生不滅。如是等一切法，與法界無二無別，能如是觀者，是觀如來十號。

乘無二智，來契正覺，故名如來。以無二理，遍入諸法，名為應供。了不二智，智體無偏，名正遍知。知無二法，互通法界，雖無來往，遍入三世，名明行足。無二之法，性冥三德，名為善逝。理遍一切，具三世間，解此理故，名世間解。

能解此理，無惑不斷，無復過上，名無上士。解此理故，能調難調，調十法界，名為調御。了法界法，名為丈夫。契此理故，一切宗仰，過於三界，人天之上，名天人師。覺此理故，名之為佛。達此理故，名三世間之所宗仰，名為世尊。

智契法身，具法界號，故能垂示應身十號。法應十號，一體無二。觀如來時，不謂如來為如來，亦無如來智，能知如來者。如來及如來智，無二相，無動相，不作相，不在方，不離方，非三世，非不三世，非二相，非不二相，非垢相，非淨相。

此觀如來甚為希有，猶如虛空，無有過失，增長正念。見佛相好，如照水鏡，自見其形，初見一佛，次見十方佛，不用神通往見佛，唯住此處見諸佛，聞佛說法，得如實義。

《梵網經・菩薩心地品》上卷（終）

附錄

〔附表一〕菩薩道諸經凡聖・階位名字表

階位	經典	位名	一	二	三	四	五	六	七	八	九	十
凡位（外凡位）	《仁王經》	十信	信心	精進心	念心	慧心	定心	施心	戒心	護法心	願心	迴向心
	《瓔珞經》	十順	信心	念心	精進心	慧心	定心	不退心	迴向心	護法心	戒心	願心
賢位（內凡位）	《華嚴經》	十住	發心住	治地住	修行住	生貴住	方便具足住	正心住	不退住	童真住	法王子住	灌頂住
	《梵網經》	十發趣	捨心	戒心	忍心	進心	定心	慧心	願心	護心	喜心	頂心
	《華嚴經》	十行	歡喜行	饒益行	無恚恨行	無盡行	離癡亂行	善現行	無著行	尊重行	善法行	真實行
	《梵網經》	十長養	慈心	悲心	喜心	捨心	施心	好語心	益心	同心	定心	慧心
	《華嚴經》	十迴向	救護一切眾生離眾生相迴向	不壞迴向	等一切佛迴向	至一切處迴向	無盡功德藏迴向	隨順平等善根迴向	隨順等觀一切眾生迴向	真如相迴向	無縛解脫心迴向	法界無量迴向
	《梵網經》	十金剛	信心	念心	深心	達心	直心	不退心	大乘心	無相心	如慧心	不壞心
聖位	《瓔珞經》	十種地	發意菩薩	治地菩薩	應行菩薩	生貴菩薩	修成菩薩	行登菩薩	不退菩薩	童真菩薩	了生菩薩	補處菩薩
	《華嚴經》	十種地	歡喜地	離垢地	發光地	燄慧地	難勝地	現前地	遠行地	不動地	善慧地	法雲地
	《梵網經》	十種地	平等地	善慧地	光明地	爾燄地	慧照地	華光地	滿足地	佛吼地	華嚴地	入佛界地

〔附表二〕梵網經三賢位・觀伏慧用表

賢位	心名	三觀	三伏	三慧	三用
十發趣（十住）	捨心、戒心、忍心、進心、定心、慧心、願心、護心、喜心、頂心	多修空觀	伏空	由聞發慧	體用觀照
十長養（十行）	慈心、悲心、喜心、捨心、施心、好語心、益心、同心、定心、慧心	多修假觀	伏假	由思發慧	體用觀行
十金剛（十向）	信心、念心、深心、達心、直心、不退心、大乘心、無相心、如慧心、不壞心	多修中觀	伏中	由觀發慧	體用觀智

〔附表三〕梵網經十聖位．斷證寄顯表

聖位	地名	行持	斷障	證真	寄乘	顯報
初地	平等地	布施度	異生性障	遍行真如	修慈悲等法 寄人乘	轉輪聖王
二地	善慧地	持戒度	邪行障	最勝真如	修十善等法 寄欲界天乘	忉利天王
三地	光明地	忍辱度	暗鈍障	勝流真如	假修十善等法 寄色無色界天乘	夜摩天王
四地	爾燄地	精進度	微細煩惱現行障	無攝受真如	假修三乘等法 寄須陀洹乘	兜率天王
五地	慧照地	禪定度	下乘般涅槃障	類無差別真如	假修三乘等法 寄阿羅漢乘	善化天王
六地	華光地	般若度	粗相現行障	無染淨真如	假修三乘等法 寄緣覺乘	自在天王
七地	滿足地	方便度	細相現行障	法無差別真如	假修三乘等法 寄菩薩乘	初禪梵天王
八地	佛吼地	願行度	無相中作加持行障	不增不減真如	修一乘等法 寄顯一乘	二禪小千世界主
九地	華嚴地	力行度	利他行中不欲行障	智自在所依真如	修一乘等法 寄顯一乘	三禪中千世界主
十地	入佛界地	智行度	諸法中未得自在障	業自在所依真如	修一乘等法 寄顯一乘	四禪大千世界主

〔附表四〕瓔珞經菩薩道．學觀次第表

六位	六種性	六種觀	六種慧	六種堅	六種忍
十住 空觀多假觀少初住如來家修十波羅蜜發三心四願趣向佛果，故云十發趣心向果。	習種性 研習空觀，破見思惑，習成菩提種性。	住觀 空住觀照，心會於理，觀察諸法緣生無性即修習空觀之理，蕩一切法，二義合言名住觀。	聞慧 因聞中道之理，而生一切無漏智慧，能了一切法，離二邊相，旋轉聞根故。	信堅 信一切法，皆即真諦，無毀壞故。	信忍 信一切法，皆悉空寂，能於空法忍可忍證。
				二法合言名堅信忍。中者，言此堅信忍中有十種人，發心趣向佛果。	
十行 假觀多，空觀少，以前住位，真理深入玄妙，菩提妙行，依理而起，運四無量心，行四攝法，饒益眾生，長養聖胎，法身慧命。	性種性 梵網名長養性，雖證本性真空之理，不住於空，而能以四攝法四無量心化諸眾生。順法性向佛果，故云十長養心向果。	行觀 行者進趣之義，於十行位中能習假觀立一切法，處處行事要入觀，先觀而後行，行而又觀，觀而又行，行行不離觀，觀觀不離行。	思慧 思惟中道之理，發生無漏智慧，開化一切眾生。	法堅 知諸法皆即俗諦，無能毀壞故。	法忍 雖知諸法皆空無所有相，而能假立諸法，以化眾生，忍可忍證。
				前云堅信忍，此云堅法忍者，即前所修理法，理由信入，信由理起，故前云堅信，此云堅法。	
十迴向 中道觀多，空假觀少，菩提種子已熟，心心迴向真如平等法界理中順法界之種性。	道種性 梵網名性種性，因修中道通達佛性，能起一切眾生菩提道種，入菩提道的種性。	向觀 以修習中觀迴因向果，向法界真如實際故，普令眾生向法界觀。	修慧 修中道理，發生無漏智慧故，即修中道理，發菩提慧。	修堅 修中觀了知法法皆即中道第一義諦，無能毀壞故。	修忍 修習中道，知一切，事理和融，於中道理忍可忍證。
				二義合言名堅修忍。	

六位	六種性	六種觀	六種慧	六種堅	六種忍
十地 證真如理，無明分分破，法身分分證。	**正覺性** 梵網名不可壞性，正與佛體等無差別故不可壞。又名聖種性證入聖地故。由修中道妙觀破無明惑故不可壞。	**地觀** 修習中道，能生佛智，住持不動故，地前無相觀少有相觀多，五地以後七地以前有相觀少無相觀多，七地以後純無相觀。	**無相慧** 以證知中道之理，空無性相，發生一切智慧故。即上文中虛空光體性。已證虛空光體性，寂滅現前。	**德堅** 謂修中道觀智，破無明等障，分顯真如三德，無能毀壞故。	**正忍** 正即是聖，正破無明，於中道理忍可忍證，又常住法身，無黨無偏故名正。
				二義合言故名堅聖忍。	
等覺 去佛一等。	**等覺性** 梵網名道種性，了此體性生佛平等，皆具道種。	**平等觀** 平等無相觀，了惑空故，煩惱即菩提，生死即涅槃。	**照寂慧** 等覺鄰極，攝用歸體。	**頂堅** 等覺居十地之頂，破惑顯德，無能毀壞故。	**無垢忍** 於清淨心，忍可忍證。
妙覺 妙極覺滿。	**妙覺性** 梵網名正覺性，究極十法界之理性，超出十法界之外。	**妙觀** 成一切種智。	**寂照慧** 妙覺證極從體起用。	**覺堅** 覺一切法，皆中道第一義諦，無能毀壞故。	**一切智忍** 得一切智，遍知一切中道之法，於此法忍可忍證。

〔經文〕梵網經菩薩心地品・上卷

第一篇　菩薩心地

爾時釋迦牟尼佛，在第四禪地中，摩醯首羅天王宮，與無量大梵天王、不可說不可說菩薩眾，說蓮華臺藏世界，盧舍那佛所說心地法門品。是時釋迦身放慧光，所照從此天王宮，乃至蓮華臺藏世界，其中一切世界一切眾生，各各相視歡喜快樂。而未能知此光，光何因何緣皆生疑念，無量天人亦生疑念。

爾時眾中，玄通華光主菩薩，從大莊嚴華光明三昧起，以佛神力，放金剛白雲色光，光照一切世界。是中一切菩薩皆來集會，與共同心異口問此光，光為何等相？

是時釋迦，即擎接此世界大眾，還至蓮華臺藏世界，百萬億紫金剛光明宮中，見盧舍那佛，坐百萬億蓮華赫赫光明座上。時釋迦及諸大眾，一時禮敬盧舍那佛足下已。釋迦佛言：此世界中地及虛空一切眾生，為何因何緣得成菩薩十地道？當成佛果為何等相？如佛性本源品中，廣問一切菩薩種子。

爾時盧舍那佛即大歡喜，現虛空光體性，本源成佛常住法身三昧，示諸大眾。是諸佛子諦聽，善思修行。我已百阿僧祇劫修行心地，以之為因，初捨凡夫成等正覺，號為盧舍那，住蓮華臺藏世界海。其臺周遍有千葉，一葉一世界，為千世界，我化為千釋迦，據千世界。後就一葉世界，復有百億須彌山、百億日月、百億四天下、百億南閻浮提，百億菩薩釋迦，坐百億菩提樹下，各說汝所問菩提薩埵心地。其餘九百九十九釋迦，各各現千百億釋迦亦復如是。千葉上佛是吾化身，千百億釋迦是千釋迦化身。吾以為本源，名為盧舍那佛。

爾時蓮華臺藏座上盧舍那佛，廣答告千釋迦千百億釋迦，所問心地法品。

諸佛當知，堅信忍中，十發趣心向果。一捨心、二戒心、三忍心、四進心、五定心、六慧心、七願心、八護心、九喜心、十頂心。

諸佛當知，從是十發趣心，入堅法忍中，十長養心向果。一慈心、二悲心、三喜心、四捨心、五施心、六好語心、七益心、八同心、九定心、十慧心。

諸佛當知，從是十長養心，入堅修忍中，十金剛心向果。一信心、二念心、三迴向心、四達心、五直心、六不退心、七大乘心、八無相心、九慧心、十不壞心。

諸佛當知，從是十金剛心，入堅聖忍中，十地向果。一體性平等地、二體性善慧地、三體性光明地、四體性爾燄地、五體性慧照地、六體性華光地、七體性滿足地、八體性佛吼地、九體性華嚴地、十體性入佛界地。

是四十法門品，我先為菩薩時，修入佛果之根源。如是一切眾生，入發趣、長養、金剛、十地，證當成果。無為、無相、大滿、常住，十力、十八不共行，法身、智身滿足。

爾時蓮華臺藏世界盧舍那佛，赫赫大光明座上，千華上佛、千百億佛、一切世界佛。是座中有一菩薩，名華光王大智明菩薩，從坐而立。白盧舍那佛言，世尊：佛上略開十發趣、十長養、十金剛、十地名相，其一一義中未可解了，唯願說之！唯願說之！妙極金剛寶藏一切智門，如來百觀品中已明問。

第二篇 心修三賢

爾時盧舍那佛言：千佛諦聽，汝先言云何義者？發趣中。

若佛子，捨心者，一切捨，國土、城邑、田宅、金銀、明珠、男女、己身、有為諸物，一切捨。無為無相，我人知見，假會合成，主者造作我見。十二因緣無合、無散、無受者。十二入、十八界、五陰，一切一合相，無我、我所相。

假成諸法，若內一切法，外一切法，不捨不受。

菩薩爾時知如假會，觀現前故，捨心入空三昧。

若佛子，戒心者，非非戒，無受者。十善戒，無師說法。欺盜乃至邪見，無集者。

慈、良、清、直、正實、正見、捨、喜等，是十戒體性。

制止八倒，一切性離，一道清淨。

若佛子，忍心者，有無相慧體性，一切空空忍。一切處忍，名無生行忍。

一切處，得名如苦忍。

無量行，一一名忍。無受、無打、無刀杖瞋心，皆如如。無一一諦，一相、無無相、有無有相、非非心相、緣無、緣相。立住動止、我人縛解，一切法如忍相，不可得。

若佛子，進心者，若四威儀，一切時行伏空，假會法性，登無生山。而見一切有無，如有如無，天地青黃赤白一切入，乃至三寶智性，一切信進道，空、無生、無作、無慧。起空入世諦法，亦無二相。續空心，通達進分善根。

若佛子，定心者，寂滅無相，無相無量行，無量心三昧，凡夫聖人，無不入三昧，體性相應。一切以定力故，我、人、作者、受者，一切縛見性，是障因緣。散風動心，不寂而滅，空空八倒無緣，假靜慧觀，一切假會。念念寂滅，一切三界果罪性，皆由定滅，而生一切善。

若佛子，慧心者，空慧非無緣，知體名心，分別一切法。假名主者，與道通同，取果行因，入聖捨凡，滅罪起福，縛解盡是體性功用。一切見，常、樂、我、淨，煩惱慧性不明，故以慧為首，修不可說觀慧，入中道一諦。其無明障慧，非相非來、非緣非罪、非八倒。無生滅，慧光明燄為照，樂虛方便，轉變神通，以智體性，所為慧用故。

若佛子，願心者，願大求一切求，以果行因，願心連願心連，相續百劫，得佛滅罪。求求至心，無生空一願，觀觀入定照，無量見縛，以求心故解脫，無量妙行，以求心成菩提，無量功德以求為本。

初發求心，中間修道，行滿願故，佛果便成。觀一諦中道，非陰、非界、非沒生、見見非、解慧。是願體性，一切行本源。

若佛子，護心者，護三寶、護一切行功德。使外道八倒惡邪見，不嬈正信，滅我縛、見縛，無生照達二諦，觀心現前，以護根本。

無相護護，空、無作、無相。以心慧連慧連，入無生空道智道，皆明光明光。

護觀入空假，分分幻化，幻化所起，如無如無。法體集散不可護，觀法亦爾。

若佛子，喜心者，見他人得樂，常生喜悦。及一切物，假空照寂，而不入有為、不無。寂然大樂無合，有受而化，有法而見云假。

法性平等一觀，心心行多聞一切佛行。功德無相喜智，心心生念而靜照，樂心緣一切法。

若佛子，頂心者，是人最上智，滅無我輪，見疑身一切瞋等，如頂觀連，觀連如頂。法界中因果，如如一道，最勝上如頂，如人頂。

非非身見，六十二見。五陰生滅，神我主人，動轉屈申，無受無行，可捉縛者。

是人爾時入內空，值道心心眾生。不見緣，不見非緣，住頂三昧寂滅定，發行趣道性實。我人常見，八倒生緣，不二法門，不受八難幻化果，畢竟不受。

唯一眾生，去來坐立，修行滅罪，除十惡、生十善，入道正人正智正行。菩薩達觀現前，不受六道果，必不退佛種性中，生生入佛家，不離正信。上十天光品廣說。

盧舍那佛言：千佛諦聽，汝先問長養十心者。

若佛子，慈心者，常行慈心，生樂因已，於無我智中，樂相應觀入法，受、想、行、識、色等大法中，無生、無住、無滅，如幻化，如如無二。故一切修行成法輪，化被一切，能生正信，不由魔教，亦能使一切眾生，得慈樂果。非實非善惡果，解空體性三昧。

若佛子，悲心者，以悲空空無相，悲緣行道，自滅一切苦，於一切眾生，無量苦中生智。

不殺生緣、不殺法緣、不著我緣，故常行不殺、不盜、不婬，而一切眾生不惱，發菩提心者。

於空見一切法如實相，種性行中生道智心，於六親、六怨、親怨三品中，與上樂智，上怨緣中，九品得樂果。

空現時，自身他一切眾生，平等一樂起大悲。

若佛子，喜心者，悅喜無生心時，種性體相道智。空空喜心，不著我所，出沒三世，因果無集。一切有入空觀行成，等喜一切眾生，起空入道。捨惡知識，求善知識，示我好道，使諸眾生，入佛法家法中。

常起歡喜，入佛位中，復令是諸眾生，入正信、捨邪見、背六道苦，故喜。

若佛子，捨心者，常生捨心。無造、無相、空法中，如虛空。於善惡有見無見、罪福二中，平等一照。非人非我所心，而自他體性不可得，為大捨。

及自身肉手足，男女國城，如幻如化，水流燈燄，一切捨，而無生心，常修其捨。

若佛子，施心者，能以施心被一切眾生，身施、口施、意施、財施、法施，教導一切眾生。內身、外身、國城、男女、田宅，皆如如相，乃至無念財物、受者、施者。

亦內亦外，無合無散。無心行化，達理達施，一切相現在行。

若佛子，好語心者，入體性愛語三昧，第一義諦法語義語。一切實語者，皆順一語，調和一切眾生心，無瞋無諍。

一切法，空智無緣，常生愛心。行順佛意，亦順一切他人。以聖法語教諸眾生，常行如心發起善根。

若佛子，利益心者，利益心時，以實智體性，廣行智道，集一切明燄法門，集觀行七財，前人得利益故。受身命而入利益三昧，現一切身、一切口、一切意，而震動大世界。

一切所為所作，他人入法種、空種、道種中，得益得樂。現形六道，無量苦惱之事，不以為患，但益人為利。

若佛子，同心者，以道性智，同空無生法中，以無我智，同生無二。空同源境，諸法如相，常生、常住、常滅，世法相續，流轉無量，而能現無量形，身色心等業，入諸六道一切事同。

空同無生、我同無物，而分身散形，故入同法三昧。

若佛子，定心者，復從定心觀慧證空，心心靜緣，於我所法，識界色界中，而不動轉。逆順出沒，故常入百三昧、十禪支。

以一念智作是見，一切我人，若內、若外、眾生、種子，皆無合、散、集、成、起、作，而不可得。

若佛子，慧心者，作慧見心，觀諸邪見結患等縛，無決定體性。順忍空同故，非陰、非界、非入、非眾生、非一我、非因果、非三世法。

慧性起光光一燄，明明見虛無受。其慧方便，生長養心，是心入起空空道，發無生心。

上千海明王品，已說心百法明門。

盧舍那佛言：千佛諦聽，汝先言金剛種子有十心。

若佛子，信心者，一切行以信為首。眾德根本，不起外道邪見心，諸見名著，結有造業，必不受。入空無為法中，三相無無，無生無生，無住住、無滅滅，無有一切法空。世諦、第一義諦智盡。滅異空、色空、細心心空。細心心心空故，信信寂滅，無體性，和合亦無依。

然主者我、人，名用，三界假我，我無得集相故，名無相信。

若佛子，念心者，作念六念，常覺乃至常施，第一義諦空。無著無解，生住滅相不動、不到去來，而於諸業受者，一合相迴向，入法界智。

慧慧相乘，乘乘寂滅，啖啖無常，光光無無，生生不起，轉易空道。變前轉後、變轉化化、化轉轉變，同時同住，啖啖一相，生滅一時。已變、未變、變變，化亦得一，受亦如是。

若佛子，深心者，第一義空，於實法空智，照有實諦。業道相續，因緣中道，名為實諦。假名諸法，我、人、主者，名為世諦。於此二有諦，深深入空。

而無去來，幻化受果，而無受故，深深心解脫。

若佛子，達照心者，忍順一切實性，性性無縛無解。無礙法達、義達、辭達、教化達。三世因果，眾生根行，如如、不合、不散。無實用、無用、無名用，用用一切空。空空照達空，名為通達一切法空。空空如如，相不可得。

若佛子，直心者，直照取緣神我，入無生智，無明神我空，空中空，空空理心。在有在無，而不壞道種子。

無漏中道一觀，而教化一切十方眾生，轉一切眾生，皆入薩婆若空直，直性直行。於空三界生者，結縛而不受。

若佛子，不退心者，不入一切凡夫地，不起新長養諸見，亦復不起集因，相似我人，入三界業亦行空，而不住退解脫。於第一中道，一合行，故行不退。本際無二故，而不念退。空生觀智如如，相續乘乘，心入不二。常空生心，一道一淨，為不退一道一照。

若佛子，獨大乘心者，解解一空故，一切行心，名一乘。乘一空智，智乘行乘。

乘智心心，任載任用。任載，任一切眾生，度三界河、結縛河、生滅河。行者坐乘，任用載用，智乘趣入佛海故。一切眾生，未得空智任用，不名為大乘，但名乘，得度苦海。

若佛子，無相心者，妄想、解脫，照般若波羅蜜無二，一切結業、三世法，如如一諦。

而行於無生空，自知得成佛，一切佛是我等師，一切賢聖是我同學，皆同無生空故，名無相心。

若佛子，如如慧心者，無量法界，無集無受生。生生煩惱而不縛。一切法門、一切賢所行道、一切聖所觀法，所有亦如是。一切佛教化方便法，我皆集在心中。

外道一切論、邪定功用幻化，魔說、佛說，皆分別入二諦處。非一非二，非有陰界入。是慧光明，光明照性，入一切法。

若佛子，不壞心者，入聖地智，近解脫位，得道正門，明菩提心，伏忍順空、八魔不壞。眾聖摩頂，諸佛勸發，入摩頂三昧，放身光，光照十方佛土。入佛威神，出沒自在，動大千界，與平等地心，無二無別，而非中觀知道。以三昧力故，光中見佛無量國土，現為說法。

爾時即得頂三昧，登虛空平等地，總持法門，聖行滿足。心心行空，空空慧中道，無相照故。一切相滅，得金剛三昧門，入一切行門，入虛空平等地。如佛華經中廣說。

第三篇　地行十聖

盧舍那佛言：千佛諦聽，汝先問地者有何義？

若佛子，菩提薩埵，入平等慧體性地，真實法化，一切行華光滿足，四天果乘用、任化無方，理化神通。十力、十號、十八不共法，住佛淨土。無量大願，辯才無畏，一切論、一切行，我皆得入。生出佛家，坐佛性地，一切障礙、凡夫因果，畢竟不受，大樂歡喜。從一佛土入無量佛土，從一劫入無量劫，不可說法為可說法，反照見一切法、逆順見一切法，常入二諦而在第一義中：以一智知十地次第，一一事示眾生，而常心心中道；以一智知一切佛土殊品，及佛所說法，而身心不變；以一智知十二因緣、十惡種性，而常住善道；以一切智，見有無二相；以一智知入十禪支行、三十七道，而現一切色身六道；以一切智知十方色色，分分了起，入受色報，而心心無縛。

光光照一切，是故無生信忍空慧，常現在前。從一地、二地，乃至佛界，其中間一切法門，一時而行故。略出平等地，功德海藏行願，如海一滴，毛頭許事。

若佛子，菩提薩埵，善慧體性地，清淨明達一切善根，所謂慈、悲、喜、捨、慧。一切功德本，從觀入大空慧。方便道智中，見諸眾生，無非苦諦，皆有識心。三惡道、刀、杖、一切苦惱，緣中生識，名為苦諦。三苦相者，如者，如身初覺，從刀杖、身色陰，二緣中生覺，為行苦緣；次意地覺，緣身覺所緣，得刀杖，及身瘡腫等法，故覺苦、苦緣，重故苦苦；次受、行覺二心，緣向身色陰，壞瘡中生苦覺故，名為壞苦緣。是以三覺次第生三心故，為苦苦苦。

一切有心眾生，見是三苦，起無量苦惱因緣。故我於是中，入教化道三昧，現一切色身於六道中，十種辯才說諸法門，謂苦識、苦緣、刀杖緣，具苦識行，身瘡腫發壞，內外觸中，或具、不具。具二緣中生識，識作識受，觸識名為苦識行。二緣故，心心緣色，心觸觸惱，受煩毒時，為苦苦。心緣識，初在根覺緣，名為苦覺。心作心受，觸識覺觸，未受煩毒時，是名行苦。逼迮生覺，如斲石火，於身心念念生滅。身散壞轉變化，識入壞緣，緣集散，心苦心惱，受念後緣染著，心心不捨，是為壞苦，三界一切苦諦。復觀無明，集無量心，作一切業，相續相連，集因集因，名為集諦。正見解脫，空空智道，心心名以智道，道諦。盡有果報盡有因，清淨一照，體性妙智，寂滅一諦。慧品具足名根，一切慧性，起空入觀，是初善根。第二觀捨一切貪著行，一切平等空，捨無緣而觀諸法，空際一相：我觀一切十方地土，皆吾昔身所用故土；四大海水，是吾故水；一切劫火，是吾昔身故所用火；一切風輪，是吾故所用氣。我今入此地中，法身滿足，捨吾故身，畢竟不受四大分段不淨故身，是為捨品具足。第三次觀於所化一切眾生，與人天樂、十地樂，離十惡畏樂、得妙華三昧樂，乃至佛樂。如是觀者，慈品具足。

菩薩爾時住是地中，無癡、無貪、無瞋，入平等一諦智、一切行本，遊佛一切世界，現化無量法身。如一切眾生天華品說。

若佛子，菩提薩埵，光明體性地，以三昧解了智，知三世一切佛法門，十二法品：名味句、重誦、記別、直語偈、不請說、律戒、譬喻、佛界、昔事、方正、未曾有、談說。是法體性，名一切義別，是名、味、句中，說一切有為法。分分受生，初入識胎，四大增長色心，名六住；於根中起實覺，未別苦樂，名觸識；又覺苦樂識，名三受；連連覺著，受無窮；以欲、我見、戒取；善惡有；識初名生；識終名死。是十品現在苦因緣果，觀是行相中道，我久已離故，無自體性。

入光明神通，總持辯才，心心行空，而十方佛土中，現劫化轉化，百劫千劫，國土中養神通，禮敬佛前，諮受法言。復現六道身，一音中說無量法品，而眾生各自分分得聞，心所欲之法：苦、空、無常、無我。一諦之音：國土不同，身心別化。

是妙華光明地中，略開一毛頭許。如法品解觀法門、千三昧品說。

若佛子，菩提薩埵，體性地中，爾真俗，不斷不常，即生、即住、即滅，一世、一時、一有，種異異現異故。因緣中道，非一非二、非善非惡、非凡非佛，故佛界、凡界，一一是名為世諦。其智道觀，無一無二，玄道定品，所謂說佛心行，初覺定因：信覺、思覺、靜覺、上覺、念覺、慧覺、觀覺、猗覺、樂覺、捨覺。是品品方便道，心心入定果。

是人住定中，睒睒見法行空。若起念，定入生心，定生愛順，道法化生，名法樂忍、住忍、證忍、寂滅忍。故諸佛於入光光華三昧中，現無量佛，以手摩頂，一音說法，百千起發，而不出定，住定、味樂定、著定、貪定，一劫千劫中住定，見佛蓮華座，說百法門。是人供養聽法，一劫住定。

時諸佛光中摩頂，發起定品出相、進相、去向相，故不沒、不退、不墮、不住頂三昧，法上樂忍，永盡無餘。

即入一切佛土中，修行無量功德品，行行皆光明，入善權方便，教化一切眾生，能使得見佛體性：常、樂、我、淨。

是人生住是地中，行化法門，漸漸深妙，空華觀智，入體性中道，一切法門品滿足，猶如金剛。上日月道品，已明斯義。

若佛子，菩提薩埵，慧照體性地，法有十種力生品，起一切功德行，以一慧方便：知善惡二業，別行處力品；善作、惡作，業智力品；一切欲求願，六道生生果，欲力品；六道性分別不同，性力品；一切善惡根，一一不同，根力品；邪定、正定、不定，是名定力品；一切因果，乘是因、乘是果、至果處、乘因道，是道力品；五眼知一切法，見一切受生故，天眼力品；百劫事一一知，宿世力品；於一切生，煩惱滅，一切受，無明滅，解脫力品。是十力品智，知自修因果，亦知一切眾生，因果分別。

而身心口別用，以淨國土為惡國土、以惡國土為妙樂土，能轉善作惡、轉惡作善，色為非色、非色為色，以男為女、以女為男，以六道為非六道、非六道為六道，乃至地水火風、非地水火風。

是人爾時以大方便力，從一切眾生，而見不可思議，下地所不能知覺，舉足下足事。是人大明智，漸漸進，分分智，光光無量無量、不可說不可說法門，現在前行。

若佛子，菩提薩埵，體性華光地，能於一切世界中，十神通明智品，以示一切眾生，種種變化。

以天眼明智，知三世國土中，微塵等一切色，分分成六道眾生身，一一身、微塵細色、成大色，分分知。以天耳智，知十方三世六道眾生，苦樂音聲、非非音、非非聲、一切法聲。以天身智，知一切色、色、非色、非男非女形，於一念中，遍十方三世國土劫量，大小國土中微塵身。以天他心智，知三世眾生心中所行，十方六道中，一切眾生心心所念苦樂、善惡等事。以天人智，知十方三世國土中，一切眾生宿世，苦樂受命一一知，命續百劫。以天解脫智，知十方三世眾生解脫，斷除一切煩惱，若多若少，從一地乃至十地，滅滅皆盡。以天定心智，知十方三世國土中眾生，心定不定、非定非不定、起定方法，有所攝受三昧、百三昧。以天覺智，知一切眾生已成佛、未成佛，乃至一切六道，人心心，亦知十方佛心中所說法。以天念智，知百劫千劫、大小劫中，一切眾生受命，命久近。以天願智，知一切眾生賢聖，十地、三十心中，一一行願，若求苦樂、若法非法，一切求、十願、百千大願品具足。

是人住地中，十神通明中，現無量身、心、口別用。說地功德，百千萬劫不可窮盡。而爾所釋迦，略開神通明品，如觀十二因緣品中說。

若佛子，菩提薩埵，滿足體性地，入是法中，十八聖人智品，下地所不共。

所謂身無漏過、口無語罪、念無失念、離八法、一切法中捨、常在三昧，是入地六品具足。

復從是智，生六足智：三界結習，畢竟不受，故欲具足；一切功德，一切法門，所求滿故，進心足；一切法事，一切劫事，一切眾生事，以一心中一時知故，念心足；是二諦相、六道眾生，一切法故，智慧足；知十發趣人，乃至一切佛，無結無習故，解脫足；見一切眾生，知他人自我弟子，無漏無諸煩惱習故，以智知他身，六通足。

是人入六滿足明智中：便起智身，隨六道眾生心行；口辯說無量法門品，示一切眾生故；隨一切眾生心行，常入三昧，而十方大地動、虛空化華故，能令眾生心行；以大明具足，見過去一切劫中佛出世，亦是示一切眾生心；以無著智，見現在十方一切國土中，一切佛，一切眾生心心所行；以神通道智，見未來中一切劫，一切佛出世，一切眾生，從是佛受道聽法故。

住是十八聖人中，心心三昧，觀三界微塵等色，是我故身，一切眾生是我父母。而今入是地中，一切功德、一切神光、一切佛所行法，乃至八地、九地中，一切法門品，我皆已入故，於一切佛國土中，示現作佛、成道、轉法輪，示入滅度，轉化他方，過去來今，一切國土中。

若佛子，菩提薩埵，佛吼體性地，入法王位三昧，其智如佛，佛吼三昧故，十品大明空門，常現在前，華光音入心三昧。

其空慧者，謂內空慧門、外空慧門、有為空慧門、無為空慧門、性空慧門，無始空慧門、第一義空慧門、空空慧門、空空復空慧門、空空復空空慧門。如是十空門，下地各所不知。虛空平等地，不可說不可說，神通道智。以一念智，知一切法，分分別異，而入無量佛國土中，一一佛前諮受法，轉法度與一切眾生。而以法藥施一切眾生，為大法師、為大導師，破壞四魔，法身具足，化化入佛界。

是諸佛數，是諸九地、十地數中，長養法身。百千陀羅尼門、百千三昧門、百千金剛門、百千神通門、百千解脫門，如是百千虛空平等門中，而大自在。一念一時行，劫說非劫、非劫說劫，非道說道、道說非道，非六道眾生說六道眾生、六道眾生說非六道眾生，非佛說佛、佛說非佛。而入出諸佛體性三昧中，反照、順照、逆照、前照、後照、因照、果照、空照、有照、第一中道義諦照，是智唯八地所證，下地所不及：不動不到、不出不入、不生不滅。

是地法門品，無量無量，不可說不可說。今以略開地中百千分，一毛頭許事，羅漢品中已明。

若佛子，菩提薩埵，佛華嚴體性地，以佛威儀、如來三昧自在王，王定出入無時。

於十方三千世界，百億日月、百億四天下，一時成佛、轉法輪，乃至滅度，一切佛事，以一心中，一時示現，一切眾生，一切色身，八十種好，三十二相，自在樂，虛空同，無量大悲，光明相好莊嚴。非天、非人、非六道，一切法外而常行六道，現無量身、無量口、無量意，說無量法門，而能轉魔界入佛界、佛界入魔界，復轉一切見入佛見、佛見入一切見，佛性入眾生性、眾生性入佛性。其地光，光光照、慧慧照、明焰明焰，無畏無量。十力、十八不共法、解脫涅槃、無為一道清淨。

而以一切眾生，作父母兄弟，為其說法，盡一切劫得道果。又現一切國土，為一切眾生，相視如父如母，天魔外道，相視如父如母。

住是地中，從生死際起，至金剛際，以一念心中，現如是事，而能轉入無量眾生界。如是無量，略說如海一滴。

若佛子，菩提薩埵，入佛界體性地。其大慧空空復空，空復空，如虛空性。

平等智，有如來性，十功德品具足：空同一相，體性無為，神虛體一，法同法性，故名如來；應順四諦、二諦，盡生死輪際，法養法身無二，是名應供；遍覆一切世界中，一切事，正智、聖解脫智，知一切法有無、一切眾生根故，是正遍知；明明修行，佛果時足故，是明行足；善逝三世佛法，法同先佛法，佛去時善善、來時善善，是名善善；是人行是上德，入世間中，教化眾生，使眾生解脫一切結縛，故名世間解脫；是人一切法上，入佛威神，形儀如佛，大士行處；為世間解脫，調順一切眾生，名為丈夫；於天人中，教化一切眾生，諮受法言故，是天人師；妙本無二、佛性玄覺，常常大滿，一切眾生禮拜故、尊敬，故是佛、世尊。

一切世人，諮受奉教故是佛地。是地中，一切聖人之所入處，故名佛界地。

爾時坐寶蓮華上，一切與授記歡喜，法身手摩其頂。同見、同學菩薩，異口同音，讚歎無二。

又有百千億世界中，一切佛、一切菩薩，一時雲集，請轉不可說法輪，虛空藏化導法門。

是地有不可說奇妙法門品，奇妙三明、三昧門、陀羅尼門，非下地凡夫心識所知，唯佛佛無量身、口、心意，可盡其源。如光音天品中，說十無畏，與佛道同。

智慧海 59

梵網經菩薩道

The Bodhisattva Path as Taught in the Brahma Net Sutra

著者	靈源老和尚
出版	法鼓文化
總監	釋果賢
總編輯	陳重光
編輯	釋果興、李金瑛
封面設計	小山絵
內頁美編	小工
地址	臺北市北投區公館路186號5樓
電話	(02)2893-4646
傳真	(02)2896-0731
網址	http://www.ddc.com.tw
E-mail	market@ddc.com.tw
讀者服務專線	(02)2896-1600
初版一刷	2016年4月
初版二刷	2018年6月
建議售價	新臺幣250元
郵撥帳號	50013371
戶名	財團法人法鼓山文教基金會－法鼓文化
北美經銷處	紐約東初禪寺 Chan Meditation Center (New York, USA) Tel: (718)592-6593 Fax: (718)592-0717

法鼓文化

國家圖書館出版品預行編目資料

梵網經菩薩道 / 靈源老和尚著. -- 初版. -- 臺北市：法鼓文化, 2016.04
面； 公分
ISBN 978-957-598-706-0（平裝）

1. 律藏

223.11 105004462